মৌলিক অনুশিষ্য গঠন

একটি হস্তলিপি, যা
ছোটগোষ্ঠীতে অনুশিষ্যগঠন, গৃহ-
গির্জা, এবং স্বল্পমেয়াদী কর্মক্ষেত্রের
মাধ্যমে, গির্জাস্থাপন আন্দোলনে
অগ্রণী ভূমিকা পালন করে।

মৌলকি অনুশষ্যি গঠন

একটি হস্তলপিি, যা ছোট গোষ্ঠীতে অনুশষ্যি গঠন, গৃহ-গর্জিা এবং স্বল্প-ময়োদী কর্মযাত্রার মাধ্যমে গর্জিা-স্থাপন আন্দোলনে অগ্রণী ভূমকিা পালন করে।

লখেক: ড্যানয়িলে বি লানকাসটার, (পিএিচডি)

প্রকাশক: টফিোর টি প্রসে

প্রথম মুদ্রণ, ২০১১।

সমস্ত অধকিার সংরক্ষতি।

এই বইয়রে কোন অংশ লখেকরে থকেে প্রাপ্ত লখিতি অনুমতি বনিা,

পুনরায় লখিন অথবা অন্য কোন মাধ্যমে, ইলক্টে্রনকি বা মকোনকিয্াল,

যমেন ফটোকপি, রকের্ডিং অথবা কোন তথ্য সংরক্ষণ এবং পুনরুদ্ধার

পদ্ধতি দ্বারা ব্যবহার করা যতেে পারে না। ব্যতক্রিম, মন্তব্য তরৈীর জন্য সংক্ষপ্তি উদ্ধৃতি জ্ঞিাপন।

গ্রন্থস্বত্ব ২০১১ ড্যানয়িলে বি লানকাসটার এর দ্বারা সংরক্ষতি

আই এস বি এন 978-1-938920-01-1 মুদ্রতি

সকল ধর্মগ্রন্থ উদ্ধৃতি, যদি পৃথক উল্লখে না থাকে, পবত্রি বাইবলে এর নতুন ইন্টারন্যাশনাল ভার্সন® থকেে নওেয়া হয়ছে,ে যা এন আই ভি® গ্রন্থস্বত্ব © ১৯৭৩, ১৯৭৮, ১৯৮৪ আন্তর্জাতকি বাইবলে সোসাইটি দ্বারা সংরক্ষতি।

জোন্দরে্ভান এর অনুমতক্রিমে ব্যবহৃত।

সকল অধকিার সংরক্ষতি।

ধর্মগ্রন্থ চহ্নিতি উদ্ধৃতি (এনএল টি) পবত্রি বাইবলে থকেে গৃহীত, নতুন

অনুবাদন, গ্রন্থস্বত্ব দ্বারা সংরক্ষতি © ১৯৯৬, ২০০৪, তন্দিালে হাউস পাবলশিার্স এর অনুমতি ক্রমে ব্যবহৃত, আই এন সি., হুইটন, ইলনিয়সে, ৬০১৮৯ I সকল অধকিার সংরক্ষতি।

ধর্মগ্রন্থ চহ্নিতি উদ্ধৃতি (এন এ এস বি)

নতুন আমরেকিান স্ট্যান্ডার্ড বাইবলে থকেে গৃহীত, ®, গ্রন্থস্বত্ব© ১৯৬০, ১৯৬২, ১৯৬৩, ১৯৬৮, ১৯৭১, ১৯৭২, ১৯৭৩, ১৯৭৫, ১৯৭৭, ১৯৯৫ লকমান ফাউন্ডশেন এর দ্বারা সংরক্ষতি। সমস্ত অধকিার সংরক্ষতি।

ধর্মগ্রন্থ চহ্নিতি উদ্ধৃতি (এইচ সি এস বি) হলমান খৃস্টান স্ট্যান্ডারড বাইবলে থকেে গৃহীত, ®, গ্রন্থস্বত্ব © ২০০৩ , ২০০২ , ২০০০ , ১৯৯৯, হলমান বাইবলে পাবলশিার্স এর দ্বারা সংরক্ষতি। সমস্ত অধকিার সংরক্ষতি।

ধর্মগ্রন্থ চহ্নিতি উদ্ধৃতি (সি ই ভি) সমসাময়কি ইংরজেি সংস্করণ গ্রন্থস্বত্ব © ১৯৯৫, আমরেকিান বাইবলে সোসাইটি দ্বারা সংরক্ষতি। অনুমতি ক্রমে ব্যবহৃত।

কংগ্রসে-লাইব্ররেীর প্রকাশতি তথ্যরে তালকিাপ্রণয়ন

লানকাসটার, ড্যানয়িলে বি

মৌলকি অনুশষ্যি গঠন

একটি হস্তলপিি, যা ছোট গোষ্ঠীতে অনুশষ্যি গঠন, গৃহ-গর্জিা এবং স্বল্প-ময়োদী কর্মযাত্রার মাধ্যমে গর্জিা-স্থাপন আন্দোলনে অগ্রণী ভূমকিা পালন করে/ড্যানয়িলে বি লানকাসটার

গ্রন্থ - পঁজীর রফোরনে্স সংযোজন করছেনে।

আই এস বি এন 978-1-938920-01-1

যীশুর প্রশক্ষিণ অনুসরণ: মৌলকি শীষ্যতা-মার্কনি যুক্তরাষ্ট্র। শরিোনাম

উল্লখে

"অভজি্ঞতা এবং সমর্পণ দ্বারা কর্মক্ষত্রে বস্িতার এবং গরিজা-বৃদ্ধ,ি এই কাজরে জন্য বইয়রে প্রয়োজন সর্বদা থাকে। যীশুর প্রশক্ষিণ অনুসরণ এমন একটি সিরিজি। এটি সহজে যশিুর কৌশল বশি্ব-ব্যাপী পৌছে দতিে সহায়তা কর।ে
এই বইটি একজন অনুশলিনকারীর দ্বারা লখিতি, কোনো তাত্ত্বকি দ্বারা লখিতি নয়। যীশুর প্রশক্ষিণ অনুসরণ বইটি পড়ে আপনি সমৃদ্ধ বোধ করবনে।
এটি বহুদর্শী ধর্মপ্রচারক, ড্যানয়িলে বলিানকাসটার এর কলম থকেে নরি্গত এক নতুন চন্িতাধারা।"

রয় জ.ে ফসি
অধ্যাপক এমমরেটিাস
দক্ষনি পশ্চমি ব্যাপটস্টি ব্রহ্মবদ্যিাগত শক্ষিালয

"আপনি কি কোনো সংস্কৃত-িদলে নতুন বশি্বাসী এবং সন্ধানী অনুশষ্যি গঠন এর জন্য কছিু ব্যবহারকি জনিসি এর সন্ধানে আছনে?
এই হলো সইে বই!
একটি তনি-দনিরে অনুশষ্যি প্রশক্ষিণ হস্তলপিি, যা অতি সহজে অনুসরণ করে নতুন শষ্যিরা পালাক্রমে অন্যদরে প্রশক্ষিণ দবোর জন্য ব্যবহার করতে পারনে, উদাহরণ, যীশুর নরি্দশেরে প্রতি স্নহেপূর্ণ-বশ্যতা।
ড্যানয়িলে বলিানকাসটার তার অর্জতি প্রভূত অভজি্ঞতা, সর্বোত্তম অনুশীলন এবং ধর্ম-পুস্তক, সকল উপাদান কে একত্রতি করছেনে যখোন,ে সটেি আমি আমার সাথে বহন করব।"

গালনে কূরহ
পল টমিোথি প্রশক্ষিক ভ্রমণকারক পরামর্শদাতা
www.Paul-Timothy.net

"অনুশষ্যি গঠনরে এই সরল এবং পুনরাবৃত্তমূলক প্রস্তাব, নতুন বশি্বাসীদরে উপলব্ধি এবং ধর্ম-বশি্বাসরে মূল-মহারথী হবার, এবং অন্যদরে সাথে নজিরে প্রাপ্ত শক্ষিা ভাগ করে নবোর জন্য একটি কার্যকর কাঠামো প্রদান কর।ে"

ক্লাইড ড.ি মডির
এক্সকিউিটভি ভাইস প্রসেডিন্টে
আন্তর্জাতকি মশিন বোর্ড, এস.বি.এস

“আমি এখানে আমেরিকায় এই বিষয়-বস্তুটি ১০০জন নেতাদেরে শিখিয়েছি, এবং আমি সবসময় একরকমই দুটি মন্তব্য পেয়েছি, ‘এটি এত সহজ’ এবং “এটি আগে শেখানো হলে খুব ভালো হত।”এই হস্তলিপির সত্যতা এই যে, শিষ্যদের অনু শিষ্য গঠনের জন্য এটি ব্যবহারিক, বাস্তব, প্রমানিত, এবং কার্যকর। আমি সম্পূর্ণ মন থেকে এর সুপারিশ করতে পারি।”

রয় মাককুলুং
ধর্মপ্রচারক পরামর্শকারী
www.MaximizeMyMinistry.com

“সেপিএম-জগতের জন্য এটি একটি প্রশ্নোত্তরের মাধ্যমে শিক্ষাদান। এটি শিষ্যতার সফল মৌলিক জীবন-কাঠামো প্রদান করার উদ্দেশে গঠিত এক পরিবর্তনযোগ্য প্রক্রিয়ার সহজ প্রয়োগ। এটি অমূল্য ব্যবহারিক প্রশিক্ষণ কৌশল সমৃদ্ধ।”

কার্টিস সার্জেন্ট
গ্লোবাল কৌশলের উপরাষ্ট্রপতি
ই৩ অংশীদার মন্ত্রণালয়
www.e3partners.org

“‘যীশু প্রশিক্ষণ অনুসরণ’ এর প্রথম ভাগ-’মৌলিক অনুশিষ্য গঠন’ বইটি একটি বাস্তবিক শিষ্য-গঠনের উপযোগী উপকরণ,যা অনুসরণ করে বিশ্ব-ব্যাপী নতুন বিশ্বাসীরা যিশুর প্রতি তাদের ভিত্তি স্থাপন করার উদ্দেশে ব্যবহার করতে পারেন। এটা সকল বিশ্বাসীদের তাদের সমস্ত হৃদয় আত্মা, মন এবং শক্তি দিয়ে, ঈশ্বরকে ভালবাসার শিক্ষা প্রদান করে।

এ ছাড়াও এটি নতুন এবং পুরনো বিশ্বাসীদের যাবতীয় উপকরণ যোগান দেয়, যা ব্যবহার করে তারা যিশুখ্রীষ্টের প্রেমে প্রচার করেন।

প্রথম দিন থেকেই, শিক্ষার্থীরা পিছিয়ে থাকা এবং মৃত-প্রায় বিশ্বের প্রতি উদ্বেগে প্রকাশ করেন। প্রশিক্ষক তাদের প্রাপ্ত শিক্ষা প্রচার করেন এবং অন্ধকার ক্ষেত্রে যিশুর আলো বিতরণ করেন। এটি বাস্তব, ব্যবহারকারী লোকের পক্ষেও সহজ, বাইবেল-ধর্মী, এবং সাহসী।”

জেরোল্ড ডব্লিউ বার্চ
ধর্মপ্রচারক এমেরেটিাস
আন্তর্জাতিক মিশন বোর্ড, এস.বি.এস

“ড্যানয়িলে বি লানকাসটার খ্রীষ্টরে মৌলকি অনুগামী গঠনরে উদ্দশে একটি সহজ, বাইবলে-ভত্তিকি, এবং পুনরুত্পাদন সমৃদ্ধ পদ্ধতি প্রদান করছেনে। আপনি আর কসিরে সন্ধান করছনে? ড্যান যীশুর আটটি সহজ ছবরি ব্যবহার দ্বারা বশি্বাসীদরে পালনকর্তার প্রতি বশি্বাস-বর্ধনে সাহায্য করছেনে। এই নীতগিুলি কর্ম-ক্ষত্রেে অভজি্ঞতার অগ্নপিরীক্ষা দ্বারা পরীক্ষতি এবং এটি আপনার জন্যও প্রযোজ্য।”

কনে হমেফলি
যুক্তরাজ্য ক্ষমতাবৃদ্ধরি জাতীয় কৌশলকর্তা
লখেক, বক্তা, বৃদ্ধি পরামর্শদাতা, এবং
ধর্ম-প্রচার এবং চার্চ বৃদ্ধি অধ্যাপক

“আমি এই উপাদানটি ফলিপিাইনতে ব্যবহার করছেি এবং এটি অসাধারণ কাজ কর। আমি আমার প্রশক্ষিণার্থীদরে জজ্ঞিাসা করছেি কনে তারা উপাদান পছন্দ কর. এবং তারা প্রত্যুত্তরে জানান, “কারণ এই উপাদানরে মাধ্যমে অন্যদরে প্রশক্ষিণ সম্ভব!” এগুলি অমূল্য সহজ পাঠ… এটরি পুনরায় উত্পাদন সম্ভব।

আমরা অনকে আইনজীবি, ডাক্তার, আর্মি কর্নিলে, ব্যবসায়ী, বধিবা এবং গটে রক্ষবিাহনিী, শক্ষিতি ও অশক্ষিতি ববিধি সম্প্রদায় দখেছেি, যারা সবাই এই উপাদান নজিদেরে জন্য এবং অন্যদরে শক্ষিা দবোর উদ্দশে ব্যবহার করনে।”

ডারলে সয়িালে
ফলিপিাইন্সে ধর্মপ্রচারক

থাইল্যান্ডরে গ্রামীণ এবং শহুরে অঞ্চলে ৩০বছররে অধকি গরি্জা স্থাপনকারীর পশোয় থাকার জন্য,আমি প্রায়ই “পরশি্রান্ত গীর্জা” দখেছেি - যা তাদরে আধ্যাত্মকি পুষ্টরি জন্য বহরিাগত প্রচারকদরে উপর নরি্ভর করে এগয়িে চল। এই অবস্থা মূলত সৃষ্টি হয়ছেলি কারণ যারা ঐ গরি্জার স্থাপক,পশ্চমি-ভত্তিকি শক্ষিণ পদ্ধতি ব্যবহৃত করে যা জাতীয় বশি্বাসীদরে জন্য উপযোগী ছলি না-ফলত, তারা জন্ম থকেে বকিল হয়ছে!

এই প্রশক্ষিণ হস্তলপি আমাদরে দুটি চাবকিাঠি দিয়িে নশি্চতি করে য, শব্দ এক বশি্বাসী থকেে অন্য বশি্বাসীর কাছে হস্তান্তর করা হব: যা সরলতার প্রতরিূপ এবং পুনরাবৃত্তি।”

জ্যাক কনিসিন
ধর্মপ্রচারক এমরেটিাস
আন্তর্জাতকি মশিন বোর্ড, এস.বি.এস

“যশিু বলছেলিনে যদ‌ি কিউে তার শষি্য হত‌ে চান, ত‌ন‌ি য‌িন‌ে অবশ্যই “নজিকে‌ে অস্বীকার কর‌ে তাঁর ক্রস গ্রহণ কর‌ে এবং তাঁক‌ে অনুসরণ করন‌ে।” একজন শক্ষিক, যাজক, পতিা এবং ধর্মপ্রচারক হসিাব‌ে ড্যান লানকাসটার অনু শষি্য গঠনরে প্রাথমকি এবং অপূরণীয় চাহদিা উপলব্ধ‌ি করন‌ে।

এই প্রশক্ষিণ সুদূর গ্রাম থকে‌ে বশ্বিবদি্যালয়রে শ্রণেীকক্ষ সকল ক্ষত্রেরে জন্য মূল্যবান, কৌশলগত এবং যথাযথ।

অনুশষি্যতার আহ্বান বশ্বিজনীন,এবং ডঃ লানকাসটার প্রতকে‌ে সংস্কৃতরি এবং বন্যিাসরে উপযুক্ত ও পুনরুত্পাদনযোগ্য উপাদান তরৈ‌ি করছেনে। সহজ এবং বলষি্ঠ শক্ষিণ পদ্ধতরি দ্বারা এফ যে ট‌ি(FJT) অনু-শষি্য প্রশক্ষিণ কার্যট‌ি অনন্দময় এবং স্মরণীয় কর‌ে তুলছে‌ে। ‘যীশুর প্রশক্ষিণ অনুসরণ’ শষি্যদরে জন্য এক সম্পূর্ণ মোড়ক: যা বাইবলে ভত্তিকি, পুনরুত্পাদনযোগ্য, বাস্তব, এবং সংখ্যাবর্ধনকারক”।

বব বাটলার
দশে পরচিালক
আন্তর্জাতক‌ি সমবায় সবো
নম পনে, কাম্বোডয়ি

ডঃ ড্যান লানকাসটার পুঙ্খানু-পুনখ ভাব‌ে শুধুমাত্র যশিুর জীবন কাহনিী ও শক্ষিার চর্চা করনেন‌ি, পাশাপাশ‌ি সংস্কৃতরিও চর্চা করছেনে।

তন‌ি মানুষক‌ে দৃঢ় হত‌ে সাহায্য করার জন্য আমাদরে একট‌ি সহজ এবং কার্যদক্ষ সক্ষম প্রকর্য়িা দয়িছেনে, যা “বষিয় ভত্তিকি” না হয়ওে যীশুর পদ্ধত‌ি অনুসরণ কর‌ে। গীর্জা-গৃহরে এই প্রকরয়িাট‌ি খ্রীষ্ট-কন্দ্রেকি এবং শৃঙ্খলা ভত্তিকি। আম‌ি এই প্রকরয়িাট‌ি ভীষন ভাব‌ে সুপারশি কর‌ি এবং প্রার্থনা কর‌ি এটা গৃহ-গর্জিা সংস্কৃত‌ি অতক্রিম করব‌ে এবং উত্তর আমরেকিার সনাতন গর্জিাতওে ব্যবহৃত হব‌ে।“

টডে এলমোর
প্রার্থনা কৌশল-কর্তা এবং ক্ষত্রে-মন্ত্রণালয় কৌশল-কর্তা
টক্সোস কনভনেশনরে দক্ষণিী খ্রস্িচন ধর্ম‌ে দীক্ষতি

সূচি

প্রথম অধ্যায়.
ব্যবহারিক বৃত্যান্ত

দ্বিতীয় পর্ব
প্রশিক্ষণ

স্বাগতম 41
সংখ্যা-বৃদ্ধি 49
প্রেম 63
প্রার্থনা 73
অনুগমন 85
চলন 99
গমন 113
বিনিময় 123
বপন 137
অবলম্বন 147
প্রান্ত টিকা 155

সুপারিশ
অধিকতর সমীক্ষা

তৃতীয় পর্ব 159
বিষয় সূচী 161
ধর্মগ্রন্থ সূচী 162
পরিশিষ্ট ক 163
পরিশিষ্ট খ 165
পরিশিষ্ট গ 175

অনুক্রমণ

"... এবং তাদরে সব জনিসি নরীক্ষণ করা শখোনে া, যা কছিু আমি আপনাকে আদশে করছে।ি"

মহান কমশিনরে এই সমাপ্তি শব্দগুলি আমাদরে জন্য আজও ততে াটাই গুরুত্বপূর্ণ, যতটা ২০০০ বছর আগে ছলি, যে সময় যশিু খ্রষি্ট প্রথম বার তাদরে জারি করছেলিনে। খ্রষি্টরে আদশে মান্য করার এবং সমস্ত জনিষি পর্যবক্ষেণ করার অর্থ কি? ধর্ম-প্রচারক জন এর থকেে আমরা জানতে পারি যে যদি আমরা যশিু খ্রষি্টরে বানী এবং কর্ম লখিতে যাই, তাহলে দুনয়িার সমস্ত বই ভরে যাব! (জন ২১:২৫)| অবশ্যই, যীশু খ্রষি্টরে মনে কছিু বষিয় সংক্ষপেে পরবিষে্টেত ছিলি। যশিুর প্রশকি্ষণ অনুসরণ এর প্রথম ভাগ,ে "মে ৌলকি অনু শষি্য গঠন" উপভাগ,ে ড্যান ল্যানক্যাসটার যশিুর জীবন এবং শকি্ষার আটটি ছবি আকৃষ্ট করছেনে, যা খ্রষি্টরে একজন অনুগামীকে খ্রষি্টরে একটি শষি্যত রূপান্তর করতে পার।ে

'মে ৌলকি অনু শষি্য গঠন' বইটতি,ে ড্যান এর লক্ষ্য ছলি, আরও একটি সহজ ও সরল শষি্যতা সম্পর্কে বই লখোর থকেে বশেি কছিু করা। ড্যান অনুগামীর সংখ্যাবর্ধন এর আন্দে ালন তরৈি করার দকিে লক্ষ্য রখেছেলিনে। তনিি চার বছর ধরে হস্তশলি্প, পরীক্ষা, মূল্যায়ন এবং তার অনুগামী কার্যক্রম সংশে াধন করছেলিনে, যতক্ষণ না তনিি নশি্চতি হয়ছেলিনে যে এটি যনে শুধুমাত্র নতুন বশি্বাসীদরে খ্রসি্ট-শষি্যত রূপান্তরতি না কর,ে বরং তার সাথে প্রশকি্ষতি শষি্যদরে কে কার্যকরী শষি্য প্রস্তুতকারীসমূহতে পরণিত করাই তাঁহার লক্ষ ছলি।

এই অনুগামী কার্যক্রম গঠনরে পর, ডঃ ল্যানক্যাসটার সমগ্র খ্রসি্ট-সম্মন্ধতি পাঠ গুলকিে একটি অতি সহজে ব্যবহার যে াগ্য, পুনর্গঠনকারী কার্যে পরবির্তন করনে, যা বশি্বরে যে কে ানও সাংস্কৃতকি বন্যিাসরে জন্য উপযুক্ত।

'মে ৌলকি অনুশষি্য গঠন' যীশুর চরিকালীন অভযিানে এবং নতুন শষি্যদরে মাধ্যমে দুনয়িায়ে খ্রষি্টরে রাজত্বর বৃদ্ধি করাতে একটি গতশিীল অবদান।

এমন পদ্ধততিে বশি্বে অনু শষি্য গঠন সহজ কাজ নয়, কনি্তু অসম্ভবও নয় এবং বাধ্যতামূলকও নয়। ড্যান ল্যানক্যাসটার এর 'মে ৌলকি অনু শষি্য গঠন' বইটরি যত গভীর

যাবেন, একজন সহযোগী শিষ্য এবং শিষ্য সৃষ্টিকর্তাকে খুঁজে পাবেন যিনি আপনাকে একটি জীবনে অগ্রসর হওয়ার পরীক্ষিত ও প্রমাণিত পথ প্রদর্শন করতে পারেন।

ডেভিড গ্যারিসন
ছিয়াং মাই, থাইল্যান্ড
লেখক – গির্জা-স্থাপন আন্দোলন:
ঈশ্বর কিভাবে হৃত-বিশ্ব কে পুনরুদ্ধার করেনt

স্বীকৃতি

আমরেকিার তনিটি গরি্জা-সদস্যদরে ধন্যবাদ, কারণ সখোনে যীশুর প্রশকি্ষণ অনুসরণ ১৫ বছর আগে শুরু হয়ছেলি: বাইবলে গরি্জা-সম্প্রদায়, হামলিটন, টক্সোস (একটি গ্রামীণ গরি্জা); নতুন নয়িমক ব্যাপ্টসি্ট গরি্জা, মন্দরি, টক্সোস (একটি প্রতষি্ঠতি অনুগামী-সম্পর্কতি গরি্জা); এবং হাইল্যান্ড ফলোশপি, লওেসিভলি্লে, টক্সোস (একটি শহরতলী-গরি্জা)। বছররে পর বছর ধরে, আমরা দখেছেি FJT চার থকেে সাত এ বৃদ্ধি পায়, এবং পরশিষেে আটটি খ্রষি্টরে ছবি হয়। আমরা একসাথে অনকে প্রচার করছেি, এবং আপনদরে ভালবাসা ও প্রার্থনার ফলে রাষ্ট্ররে উন্নতি সাধন সম্ভব হয়ছে।

কয়কেটি দক্ষণি পূর্ব এশয়িার দশেগুলরি জাতীয় অংশীদারদরে সাহায্যে যীশুর প্রশকি্ষণ অনুসরণ আন্তর্জাতকিভাবে পরমিার্জন এবং বাস্তবায়ন করা সম্ভব হয়ছে। এই দশেগুলরি নরিাপত্তা এবং নরিাপত্তা-জনতি কারণরে জন্য আমি তাদরে নাম প্রকাশ করতে পারছনি। বশিষে করে, তনি নাগরকিদরে একটি দিল প্রশকি্ষণ এবং ক্ষত্রে-পরীক্ষা করে পরবর্তী প্রজন্মরে শষি্যদরে শকি্ষা প্রদান করতে অনকে সাহায্য করছেনে।

সকল প্রশকি্ষণ অংশগ্রহণকারীদরে, যারা চার বছর দক্ষণিপূর্ব এশয়িা উন্নয়ন প্রক্রয়িা চলাকালে একাধকি প্রার্থনাশীল সমর্থন, মন্তব্য , এবং উত্সাহ দয়িছেনে তাদরে সকলকে ধন্যবাদ। আপনাদরে সাহায্যে প্রশকি্ষণ প্রক্রয়িা গুরুত্বপূর্ণভাবে উন্নত করা সম্ভব হয়ে উঠছে।

আমাদরে সকল এর জীবনই আমাদরে শকি্ষা-গুরু এবং জীবনরে অভজি্ঞতার ফসল। আমি ধন্যবাদ জানাতে চাই রভেঃ রনি ক্যিাপস, ডঃ রয় যে. ফসি, রভেঃ ক্রইেগ গ্যারসিন ,ডঃ ডভেডি গ্যারসিন, ডঃ এল্ভনি ম্যাককান, রভেঃ ডায়লান রোমিও এবং ডঃ থম উল্ফ কে, যাদরে প্রভাবে একজন যীশুর ভাল অনুগামী হসিাবে আমার জীবন সফল হয়ে উঠছে।

ডঃ জর্জ প্যাটারসন এবং গ্যালনে কুরাহকে বশিষে ধন্যবাদ তাদরে বভিন্নি সক্রয়ি শকি্ষা পদ্ধতরি জন্য যা এই প্রশকি্ষণ এর মাধ্যমকে আর উন্নত করে তুলতে পরেছে।

অবশেষে, আমি আমার পরিবারকে তাদের সমর্থন এবং উৎসাহের জন্য ধন্যবাদ জানাই। আমার সন্তান জেফে, জ্যাচ, ক্যারিসি আর জ্যনে আমার যাবতীয় বিশ্বাস, আশা এবং ভালবাসার এক অন্তহীন উৎস।

আমার স্ত্রী, হোলি,আমার পাণ্ডুলিপি বারংবার পড়ে এবং তার পরামর্শ দিয়ে আমায় অসাধারণ সাহায্য করেছেন। তিনি প্রশিক্ষণ সেমিনার থেকে অর্জিত বেশে কিছু ভাল ধারনা যোগ করেছেন এবং আমার সকল ধারণার একটি বিশ্বস্ত অনুনাদক ছিলেন ১৫ বছর ধরে।

ঈশ্বর আপনাদেরে সকলেরে মঙ্গল করুক এবং আমরা যেনে সকরিয়ি ভাবে আবেগেপূর্ণ ও আধ্যাত্মিক নেতৃত্বের বিকাশ ঘটাতে পারি এবং রাষ্ট্রকে নীরোগ করে তুলতে পারি!

ড্যানিয়েলে বিল্যানকাস্টর, পিএইচ ডি
দক্ষিণপূর্ব এশিয়া

ভূমকিা

যীশু অনুসরন প্রশকি্ষন (FJT) এর প্রথম ভাগ, মৌলকি অনুশষি্য গঠন এ আপনাদরে স্বাগত জানাই! প্রার্থনা জানাই ভগবান আপনাদরে আশর্িবাদ করুন এবং আপনাদরে জীবন ঐশ্বর্যে ভরয়িে তুলুন, কারণ তার পুত্রকে আপনারা অনুসরন করনে।প্রার্থনা করি আপনার মন্ত্রালয়রে উর্বরতা শত গুন বৃদ্ধি পাক, কারণ আপনি ধীরে ধীরে যীশুর সাথে পথ চলনে অপার অধরা মনুষ্য সমাজরে দকিে (UPG)।

যে হস্তলপিি আপনি হাতে ধরে আছনে সটেি সমগ্র বশি্বরে নকিট প্রচাররে জন্য তরৈি এক সম্পূর্ণ যশিু-প্রদর্শতি কৌশল-ভত্তিকি প্রশকি্ষন পদ্ধত।ি এটি উত্তর আমরেকিা ও দক্ষনি পূর্ব এশয়িা তে করা বহু বছররে গবষেণা ও পরকি্ষন এর ফলাফল। এই পদ্ধতটিি তাত্ত্বকি নয়,এটি অনুশীলনরে জন্য। পৃথবীতে একটি সত্যকিাররে পার্থক্য সৃষ্টি করার জন্য এটি কে ব্যবহার করুন, কারন আপনি ভগবান এর সাথে এই কর্মক্ষত্রেে আছনে। আমরা পরেছেি এবং আপনওি পারবনে।

প্রথমে আমরেকিায় একটি গ্রামনি গর্িজা এবং একটি মফস্বল গর্িজা চালু করার পর, আমাদরে পরবিার দক্ষণি পূর্ব এশীয়ার নতোদরে প্রশকি্ষন ও তালমি দবোর প্রয়োজন অনুভব কর।ে আমি আমরেকিায় বগিত দশ বৎসররে অধকি গর্িজা-স্থাপক ছলিাম এবং আমি অন্যান্য গর্িজা স্থাপকদরেও তালমি দয়িছেলিাম। কত কঠনি হতে পারে বদিশেে স্থানান্তরতি হওয়া এবং একই কাজ করা ? আমাদরে পরবিার অনকে আশা এবং আত্মাভমিান নয়িে এই কর্ম-ক্ষত্রেে পদার্পণ করছেলি|

ভাষা শখোর সময়, আমি একজন দশেীয় সঙ্গীর সাথে অন্যান্য দরে প্রশকি্ষন দচি্ছলিাম। আমরা প্রাথমকি শষি্যত্ব এবং গর্িজা-স্থাপন এর উপর ভত্তিি করে এক সপ্তাহরে প্রশকি্ষণ পাঠ্যক্রম আরম্ভ করলাম | সাধারনত তরিশি থকেে চল্লশি জন ছাত্র আসত প্রশকি্ষণরে জন্য। তারা প্রায়ই পাঠ্য ক্রমরে উপযোগতিার উপর নজিদেরে মন্তব্য জানাত এবং আমাদরে প্রশকি্ষণ পদ্ধতরি প্রশংসা করত।

তৎ-সত্বওে একটি বষিয় আমাকে চন্তিান্বতি করছলি; এটি স্পষ্টই বোঝা যাচ্ছলি যে তাদরে প্রাপ্ত শকি্ষা তারা অন্যান্যদরে শখোচ্ছলি না।

বস্তুত আমরেকিায় আপনি অন্যান্যদরে না প্রশকি্ষণ দয়িওে থাকতে পারনে, কারন ওখানে আমাদরে সংস্কৃতরি কন্দ্রে-বন্দিু বাইবলে,এমন কি সর্বনম্নি-বর্গীয় মানুষদরে

মধ্যেও বাইবেলের সম্বন্ধ আছে। কিন্তু দক্ষিন পূর্ব এশিয়াতে সর্বনিম্ন-বর্গীয় মানুষদের মধ্যে বাইবেলের সম্বন্ধ নেই।

আমেরিকায় আপনি বিশ্বাস রাখতে পারেন যে এই মানুষটি হয়ত আরেকজন খ্রিস্টান এর সম্মুখিন হবে যে তাকে প্রভাবিত করতে পারবে; কর্মক্ষেত্রে এর কোনো নিশ্চিয়তা নেই।

ঠিক আছে, তাহলে আমরা একটি উভয়সঙ্কটে পড়লাম। আমরা স্বজাতীয়দের শেখাচ্ছিলাম, যা আমরা বেশ ভাল কাজ বলে মনে করছিলাম, কিন্তু তারা সেটা পুনরায় উত্পাদন করতে পারছিল না। বাস্তবে মনে হচ্ছিল যে আমরা কিছু পেশাদার প্রবীন ছাত্রবৃন্দকে আকর্ষিত করছি। ঘটনাচক্রে, দারিদ্রে জর্জ্জরিত এমন একটি দেশে আমরা সপ্তাহ ধরে প্রশিক্ষন এর সাথে সাথে খাবার ও দিচ্ছিলাম যার জন্য আমাদের মূল লক্ষ্য অসফল হচ্ছিল। এর পর যা ঘটল তা আমাকে বিস্মিত ও বিনীত করল।

একটি প্রশিক্ষন এর পর আমি একটি চা এর দোকানে বসে আমার অনুবাদক কে একটি সরল প্রশ্ন করলাম:

"জন *। আমরা এই সপ্তাহে কতখানি প্রশিক্ষন দিলাম? তুমি কি মনে কর ছাত্ররা নিজেরা তা পালন করবে ও অন্যদেরেও পালন করতে সাহায্য করবে"?

*সুরক্ষার কারনে নাম পরিবর্তন করা হল।

জন কিছুক্ষণ ভাবল এবং আমি বুঝতে পারি যে সে আমায় উত্তর দিতে প্রস্তুত ছিল না। তার সংস্কৃতিতে একজন ছাত্র কখনই তার গুরুর সমালোচনা করে না এবং সে ভাবছিল যে আমি তাকে সেটাই করতে বলছি।

অনেক বাক্যালাপ এবং আমার থেকে আশ্বস্ত হবার পর সে আমায় যে উত্তর দিল তা সব কিছু পালটে দিলঃ

"ডঃ ড্যান আমার মনে হয় ওরা তার দশ শতাংশ পালন করবে যা আপনি ওদেরে এই সপ্তাহে শিখিয়েছেন"।

আমি হতবাক হয়ে গেলাম যদিও তা না প্রকাশ করার চেষ্টা করলাম। উপরন্তু আমি তাকে আরেকটি প্রশ্ন জিজ্ঞেসে করলাম যা একটি পদ্ধতির সুত্রপাত ঘটাল এবং যেটি আগামি আড়াই বছর ধরে অনুসরন করা হলঃ

"জন, তুমি কি আমাকে সেই দশ শতাংশ দেখাতে পারবে যেটা তারা পালন করবে অথবা করছে? আমার উদ্দেশ্যে হচ্ছে সেই দশ শতাংশ কে ধরে রাখা এবং বাকিটা কে

ত্যাগ করে নূতন করে প্রশিক্ষনটা লেখো যতক্ষণ না তারা সম্পূর্ণরূপে পালন করতে পারছে, যা আমরা শেখোচ্ছি"।

জন আমাকে সেই দশ শতাংশ দেখোল, যা সে বিশ্বাস করে তারা পালন করবে। আমরা বাকি অংশটিকে বাতিল করলাম এবং পরের সভার জন্য প্রশিক্ষনটিকে আবার লিখিলাম। এক মাস পর আবার আরেকেটি সপ্তাহব্যাপি প্রশিক্ষন এর আয়োজন করলাম এবং আমি জন কে পরে সেই একই প্রশ্ন জিজ্ঞাসা করলাম। কত শতাংশ তারা পালন করবে?

"জন বলল, "ডঃ ড্যান, আমি বিশে নিশ্চিত যে আপনি এইবার যা শিখিয়িছেনে, তারা তার পনেরে শতাংশ পালন করবে"।

আমি বাকশূন্য হয়ে গেলোম। জন জানত না যে আমি সিেই একই প্রশিক্ষন আবার নতুন করে লিখিছেলাম, যার মধ্যে আমি আমরেকিায় যাজক থাকার সময় এবং গির্জা স্থাপকদেরে অনুশীলন করানোর সময় যা শিখিছেলাম, তার সর্বসেরা শিক্ষা সংযোজন করেছিলাম। সেই সভায় আমি আমার সেরোটি দিয়িছেলাম, যা আমাকে দিতে হত ...... এবং শিক্ষার্থীরা মাত্র তার পনেরে শতাংশ পালন করবে!

এইভাবে শুরু হল একটি পদ্ধতি যা আমরা আড়াই বছর ব্যবহার করলাম, যিশু প্রশিক্ষণ অনুসরণ কে পরিস্রুত এবং উন্নত করে| প্রতিমাসে, আমরা এক সপ্তাহব্যাপি প্রশিক্ষন করাতাম এবং সভা শেষে হওয়ার পর একটি মিন্তব্য-প্রতিক্রিয়ার অধিবশেন সুরু করা হলো | একটি প্রশ্ন আমাদেরে অগ্রসর হবার পথ দেখোত এবং সটেি হল আমরা যা শেখোই তাদেরে, তার কত ভাগ তারা বাস্তবে গ্রহন করতে পারে এই প্রশিক্ষনের মাধ্যমে ?

তৃতীয় মাসেরে মধ্যে আমাদেরে অগ্রগতি কুড়ি শতাংশতে পৌছেল; পরেরে মাসে তা পঁচিশে দাঁড়াল। কিছু মাসে আমরা একটুও এগোতে পারতাম না। আবার কিছু মাসে আমরা অনেকে অগ্রগতি করিতাম। বিকাশেরে এই সম্পূর্ণ পর্যায়ে একটি পরিস্কার নীতি বহির্ভূত হল। যত বেশি আমরা অন্য দেরে যীশুকে অনুসরন করার প্রশিক্ষন দিতে লাগলাম তত বেশি তারা অন্য দেরে কে একই ভাবে প্রশিক্ষন দিতে লাগল।

আমার এখনও সেই দিনটি মনে আছে যখন জন এবং অন্যান্য নাগরিকিবৃন্দ আমাকে জানাল যে ছাত্ররা যাদেরে আমরা প্রশিক্ষন দিয়িছেলাম, তারা সটোর নব্বই শতাংশ পালন করতে পারছে। অনেকে দিন হয়ে গেছেলি আমরা পুরনো পাশ্চাত্য পদ্ধতি ত্যাগ করেছিলাম, ত্যাগ করেছিলাম আমাদেরে এশিয়ি পদ্ধতি, আমাদেরে পি,এইচ,ডি প্রিশক্ষিন, আমাদেরে অভিজ্ঞতা, এবং যীশুর দেখোন রাস্তার উপর বিশ্বাস রাখতে ও তা পালন করতে শিখিছেলাম।

এটি যিশুর প্রশিক্ষণ অনুসরণ এর গল্প | মৌলিক অনুশিষ্য গঠন একটি ব্যবহারিক প্রশিক্ষন পদ্ধতি, যা বিশ্বাসীদেরে যীশু প্রদর্শিত পঞ্চ-ধাপ অনুসরণ করতে সাহায্য

করে, যে পঞ্চ-ধাপ বিভিন্ন জাতি যিশুর জীবন এবং শিক্ষায় এ, কর্ম-পুস্তক, লেখেনি এবং গির্জার ইতিহাসে পাওয়া যায়। এই প্রশিক্ষন পদ্ধতির উদ্দেশ্য হচ্ছে পরিবর্তন, তথ্য নয়। সেই কারনে পাঠ্যবিষয় মূল আধ্যাত্মিক সত্যতার এক সরল "বীজ" ; এবং সবচেয়ে গুরুত্ব-পূর্ণ হলো, তারা ভীষন ভাবে পুনরায় উত্পাদনযোগ্য। তারা আধ্যাত্মিক নীতি অনুসরন করেন, "অল্প খারাপ সম্পূর্ণ জিনিসকে খারাপ করে দেয়" এবং অনুগামী দের ক্ষমতা প্রদান করে কর্মক্ষম এবং খ্রিস্টের অনুগামী হয়ে উঠতে।

এই হস্তলিপিতে লিখিত উপাদান যেভাবে লেখা আছে সেভাবেই তা পড়াতে হবে, কিছু না বদলিয়ে (ব্যতিক্রম, আপনার কর্ম-ক্ষেত্রের সাংস্কৃতিক পরিবেশে আয়ত্ত করা), কমপক্ষে পাঁচ বার, কল্পনা করুন প্রশিক্ষন দল আপনার পাশে চলছে, আপনাকে প্রথম পাঁচ বার পথপ্রদর্শন করছে যাতে প্রশিক্ষন আরো সহজসাধ্য হয়ে ওঠে। মৌলিক অনুশিষ্য গঠন এর মধ্যে অনেক প্রাতিষ্ঠানিক গতিবিদ্যা আছে যা অন্যকে বিবিধ সময় ধীরে ধীরে না শেখানো সম্পূর্ণ হলে নিজে উপলব্ধ করা যায় না। আজ অবধি আমরা এই পাঠক্রমের মাধ্যমে দক্ষিন পূর্ব এশিয়া ও আমেরিকায় সমান রূপে হাজার হাজার মানুষকে (বিশ্বাসী এবং অবিশ্বাসী) প্রশিক্ষন দিয়েছি। সকল ভুল এড়িয়ে চলতে এই উপদেশ পালন করুন ,যে ভুল অন্যরা করেছে। মনে রাখবেন: একজন বুদ্ধিমান ব্যক্তি নিজের ভুল থেকে শিক্ষা লাভ করে: একজন জ্ঞানী ব্যক্তি অন্যদের ভুল করা দেখে শিক্ষা নেয়। আপনি যখন শুরু করছেন, আমাদের অবশ্যই আপনাকে জানানো উচিত যে যিশুর প্রশিক্ষণ অনুসরণ আমাদের ততটাই বদলে দিয়েছে যতোটা আমাদের শিক্ষাত্রীদের বদলেছে। প্রার্থনা করি ভগবান এক জিনিস এবং আরও অনেক বেশী আপনাদের জীবনেও করবেন।

প্‌রথম অধ্‌যায.

ব্‌যবহারকি বৃত্‌যান্‌ত

যশিুর কৌশল

যশিুর রাষ্ট্রে পৌঁছানোর কৌশলে পাঁচটি ধাপ জড়তি: ভগবান উপর দৃঢ় হত্তয়া, যশিুর জীবন এবং শকি্ষা প্রচার করা, অনুশষি্য গঠন,গোষ্ঠী-সূচনা করা, যা গীর্জার দকিে পথ দখেযি়ে নযি়ে যায়, এবং নতোদরে বকিাশ ঘটানো।

প্রতটিি ধাপ স্বয়ং-ক্রয়ি,কনি্তু পাশাপাশি একটি চক্রাকার প্রক্রয়িা অন্যান্য পদক্ষপে এর জন্য শক্তি যোগায়। যীশুর প্রশকি্ষণ অনুসরণ (FJT)এর উপাদানটি প্রশকি্ষকদরে যশিুকে অনুসরণ করার মাধ্যমে সর্ব-সাধারণরে মধ্যে গরি্জা-স্থাপন আন্দোলন এর জন্য এক অনুঘটক হত্তয়ার ক্ষমতা দয়ে।

মৌলকি অনুশষি্যদরে গঠন প্রথম তনিটি ধাপকে সম্বোধন করে: ভগবান উপর দৃঢ় হত্তয়া, যশিুর জীবন এবং শকি্ষা প্রচার করা, এবং অনুশষি্য গঠন করা।

শিক্ষার্থীদের সংখ্যাবৃদ্ধির জন্য একটি দূর-দৃষ্টি প্রদান করা হয় এবং প্রশিক্ষণ দেওয়া হয় কিভাবে: ছোট গোষ্ঠির নেতৃত্ব করে , প্রার্থনা করে, যিশুর আদেশ মান্য করে, পবিত্র-পদব্রজের আলোতে গমন করে (ভগবান উপর দৃঢ় হত্তয়া) |

এরপর শিক্ষার্থীরা আবিষ্কার করে যেখানেই তারা কাজ করুন, সেখান থেকে কিভাবে ঈশ্বরের সাথে যোগদান করতে হয়; কীভাবে তাদের প্রামাণিক বিবৃতি প্রচার করা হয়, যিশুর জীবন এবং শিক্ষা বপন করতে হয়, এবং মানুষের মধ্যে সংখ্যাবৃদ্ধি এর উদ্দেশে দূর-দৃষ্টি বিনিময় করতে হয় (যিশুর জীবন এবং শিক্ষা প্রচার) | সম্পূর্ণ পাঠক্রম শিক্ষার্থীদের শিষ্য গঠনের উপাদান প্রদান করে (তৃতীয় ধাপ)এবং গোষ্ঠী মধ্যে পথ-নির্দেশ করে |

শিক্ষার্থীগণ যারা ‘মৌলিক অনুশিষ্যদের গঠন’ ব্যবহার করে অন্যদের প্রশিক্ষণ প্রদান করতে বিশ্বাসী, তারা তাদের চাহিদার উপর নির্ভর করে, ‘মৌলিক গীর্জা প্রারম্ভ-পদ্ধতি’ অথবা ‘প্রাথমিক নেতো গঠন প্রশিক্ষণ’, নিয়ে অগ্রসর করতে পারেন | মৌলিক গীর্জা প্রারম্ভ-পদ্ধতি এমন একটি

প্রশিক্ষণ পদ্ধতি, যা একটি গির্জা-স্থাপন আন্দোলনে অগ্রণী ভূমিকা পালন করে এবং পরিকল্পিত হয়েছে গীর্জাকে ক্ষমতাপ্রদান করার জন্য, যাতে আরো নতুন গোষ্ঠী এবং গির্জা গঠিত হয় (যিশুর কৌশলের চতুর্থ ধাপ) |

প্রাথমিক নেতো গঠনের প্রশিক্ষণ পদ্ধতি পরিকল্পিত হয়েছে উত্সাহী,

আধ্যাত্মিক নেতো গঠন করার জন্য (যিশুর কৌশলের পঞ্চম ধাপ),এবং একটি গির্জা স্থাপন আন্দোলনের চূড়ান্ত লক্ষ্যের দিকে অগ্রসর হত্তয়ার জন্য | উভয় প্রশিক্ষণ পদ্ধতি যিশুর মন্ত্রণালয় এবং পদ্ধতি প্রশিক্ষণ-তন্ত্রকে অন্বেষণ করে, শিক্ষার্থীদের সহজ, গঠনকর সরঞ্জাম দান করে যাতে তারা অধ্যক্ষ হতে পারে এবং অন্যদের সাথে ভাব-বিনিময় করতে পারে. নিম্নলিখিত ধর্মগ্রন্থগুলি যীশুর মন্ত্রণালয়ের উপরের উল্লিখিত পাঁচটি পদক্ষেপগুলি নিশ্চিত করে |

পিটার এবং পল কৌশল, প্রমান করে যে তারা যীশুকে একই আদর্শ অনুসরণ করে | যীশুর প্রশিক্ষণ অনুসরণ আমাদের একই কাজ করতে সক্ষম করে |

যিশু

ঈশ্বরের প্রতি দৃঢ় হও

> –লূক ২:৫২– এবং ঈশ্বর এবং মানুষের অনুকূল্যে, যিশু জ্ঞানে এবং বয়সে ক্রমবর্ধমান হলেন |

যশিুর জীবন ও শকি্ষা প্রচার করুন

–মার্ক ১:১৪, ১৫– পরে, জন গ্রপে্তার হওয়ার পরে, যশিু গাললিতি গেমন করনে, যখোনে তনিঈিশ্বররে শুভ-বানী প্রচার করছেনে। " অবশষেে ঈশ্বর যে সময়রে অঙ্গীকার করছেলিনে তার আবর্িভাব ঘটছে !" তনিি ঘোষণা করলনে। " ঈশ্বররে রাজত্ব আগত! নজিরে পাপরে অনুতাপ করো এবং শুভ-বাণীতে বশি্বাস রাখো ! (এন এল টি)

অনুগামী গঠন করুন

–মার্ক ১:১৬-১৮– যশিু যখন গাললিি সিরোবররে তীরে হটেঁে যাচ্ছলিনে, তনিি সমিনি এবং তার ভাই এন্ড্রুকে দখেলনে। তারা মৎস-জীবি এবং তাদরে জাল সরোবরে ছড়াচ্ছলিনে। যশিু তাদরে বললনে, "আমার সাথে এস ! আমতিোমাদরে শখোবো, মৎসর পরবির্তে কভিাবে মানুষকে একত্রতি করতে হয়।" তৎক্ষনাত দুই ভাই তাদরে জাল ফলেে দলি এবং তাঁকে অনুসরণ করলো। (সিই ভি)

গোষ্ঠী/গরি্জা নর্িমান করুন

মার্ক ৩:১৪, ১৫– এরপর তনিি তাদরে মধ্যে ১২ জনকে নযিুক্ত করলনে এবং তাদরে তাঁর ধর্ম-প্রচারক আখ্যা দলিনে। তারা তাঁকে অনুসরণ করবনে, এবং তনিি তাদরে শয়তানকে নকি্ষপে করার ক্ষমতা প্রদান করে ধর্ম-প্রচাররে উদ্দশেে পাঠাবনে। (এন এল টি) (মার্ক ৩:১৬-১৯, ৩১, ৩৫ ও দখেুন)

নতোদরে প্রশকি্ষণ দনি

–মার্ক ৬:৭-১০– ১২ জনকে নজিরে কাছে ডকেে তনিি তাদরে শয়তানকে নকি্ষপে করার ক্ষমতা প্রদান করে দুজন দুজন করে পাঠালনে। তাঁর নর্িদশোবলী ছলি: "এই যাত্রার জন্য একটমিাত্র দ্রব্য ছাড়া আর কছিু নবেে না- রুটনিয়, ঝুলনিয়, এবং নজিরে কাছে কোনো অর্থ নয়। চটপিরো, কন্তিু কোনো বাড়তআিস্তনি ব্যবহার করবে না। যখনকিোনো গৃহে প্রবশেে করবে, শহরে থাকাকালীন সখোনইে বসবাস করবে। (মার্ক ৬:১১-১৩ ও দখেুন)

পিটার

ঈশ্বরের প্রতি দৃঢ় হও

–শিষ্যচরিত ১:১৩, ১৪– প্রবেশ করে তারা সেই উপরতলার কক্ষে গেলেন, যেখানে তারা বসবাস করতেন। তারা ছিলেন, পিটার, জন, জেমস.....তারা সকলে মিলিত হলো এবং যিশুর মাতা, মেরি, অন্যান্য মহিলা বৃন্দ এবং যিশুর ভ্রাতার সাথে একত্রে প্রার্থনা করলেন। (এন এল টি)

যিশুর জীবন ও শিক্ষা প্রচার করুন

–শিষ্যচরিত ২:৩৮, ৩৯– পিটার বললেন, " ঈশ্বরের প্রতি আবিষ্ট হও ! যিশু খ্রিষ্টের নামে দীক্ষিত হও, যাতে তোমার পাপ স্খলন হয়। তাহলে তুমি পবিত্র আত্মাকে পাবে। (সি ই ভি)

অনুশিষ্য গঠন করুন

–শিষ্যচরিত ২:৪২, ৪৩– তারা ধর্ম-প্রচারকদের শিক্ষা এবং সাহচর্জতিায়, রুটি-ভক্ষণে এবং প্রার্থনায় নিজেদের উত্সর্গ করলেন। প্রত্যেকে একটি সম্ভ্রান্ত অনুভূতি খুঁজে পেতে; এবং ধর্মপ্রচারকদের মাধ্যমে অনেকে অলৌকিক ঘটনা ঘটতে লাগলো। (এন এ এস বি)

গোষ্ঠী/গির্জা নির্মান করুন

শিষ্যচরিত ২:৪৪-৪৭– এবং সকল বিশ্বাসী একত্রিত হলেন এবং সমান অধিকার প্রাপ্ত হলেন; এবং তারা তাদের সম্পদ বিক্রয় করতে শুরু করলেন এবং সকলের প্রয়োজন অনুযায়ী ভাগ করে দিতে থাকলেন। দিনের পর দিন মন্দিরে একমন হয়ে থেকে এবং গৃহে গৃহে রুটি ভিক্ষা করে, ঈশ্বরের প্রশংসা করে এবং সকল মানুষের অনুগ্রহে একত্রে আনন্দ এবং আন্তরিকতার সাথে খাদ্য গ্রহণ করতেন এবং ঈশ্বর দিনের পর দিন উদ্ধার হওয়া মানুষদের একত্রিত করে তাদের সংখ্যা বর্ধন করতে থাকলেন। (এন এ এস বি)

নেতা প্রশিক্ষণ

– শিষ্যচরিত ৬:৩, ৪– এবং সুতরাং, ভ্রাতাগণ, সাতজন মানুষ পছন্দ করুন, যারা শ্রদ্ধেয় এবং জ্ঞানে ও নৈতিকতায় সম্পৃক্ত। আমরা তাদের সেই দায়িত্ব অর্পণ

করছে।ি এরপর আমরা বশি্ব-শকি্ষা এবং প্রার্থনায় নবিষি্ট থাকব। (এন এল টি)
(চরতি ৬:৫, ৬ ও দখেুন)

পল

ঈশ্বররে প্রত দিৃঢ় হও

–গালাতয়িদরে প্রত পিত্র ১:১৫-১৭– কনি্তু যখন ঈশ্বর, যনিি আমাকে জন্মসূত্রইে নর্বিাচন করছেলিনে, আমার মধ্যে তার পুত্ররে প্রকাশ ঘটয়িে আনন্দতি ছলিনে, যাতে আম বিজিাতীয় দরে কাছে ধর্ম প্রচার করতে পার,ি আম কিারুর সাথে পরামর্শ করনি,ি আম জিরেুজালমেওে আমার আগরে ধর্ম-প্রচারকদরে সাথে দখো করতে জান,ি পরবির্তে আম তিৎক্ষনাত আরবে রওনা দলিাম এবং পরে দামাস্কাসে ফরিলাম।

যশিুর জীবন ও শকি্ষা প্রচার করুন

–শষি্যচরতি ১৪:২১– তারা (পল এবং বার্নাবাস) শুভ-বানী শহরে প্রচার করলনে এবং বহু-সংখ্যক অনুগামী গঠন করলনে। তারপর তারা লাস্ত্রা, আইকনয়িাম এবং এন্তীয়চ এ ফরিে গলেনে।

অনুশষি্য গঠন করুন

–শষি্যচরতি ১৪:২২– অনুগামীদরে শক্তবির্ধন করে এবং তাদরে উত্সাহতি করে সত্যরে প্রত অিবচিল থাকতে বলুন। “ঈশ্বররে রাজ্যে প্রবশে করতে হলে আমাদরে অনকে কঠনি সংগ্রাম করতে হব।ে” তারা বললনে।

গোষ্ঠী/গরি্জা নর্িমান করুন

–শষি্যচরতি ১৪:২৩– পল এবং বার্নাবাস প্রবীনদরে প্রতটিি গরি্জাতে উপবাস এবং প্রার্থনার সাথে নযিুক্ত করলনে, তাদরে ঈশ্বররে কাছে উত্সর্গ করলনে, যাদরে উপর তারা বশি্বাস রখেছেলিনে।

নতো প্রশকি্ষণ

–শষি্যচরতি ১৬:১৩– তনি (িপল) ডারবে এলনে এবং তারপর লাস্ত্রাত,ে যখোনে টমিথেি নামক একজন অনুগামী থাকতনে, যার মা একজন ইহুদ এিবং বশি্বাসী ছলিনে,

কিন্তু পিতা গ্রীক ছিলেন। ভ্রাতারা লাস্ত্রা এবং আইকনিয়ামে তাঁর সাথে খুব ভালো ভাবে কথা বললেন। পল তাকে তাঁর যাত্রাপথের সঙ্গী করতে চাইছিলেন...

গির্জার ইতিহাস

গির্জার ইতিহাসে সেই একই পাঁচটি পদক্ষেপে আমরা পাই। সেন্ট বেনেডিক্ট, এসিসির সেন্ট ফ্রান্সিস, পিতার ওয়ালডো এবং তার অনুগামীরা, জেকব স্পেনার এবং তাঁর ধর্মচারবৃন্দ (পিতিস্ট), জন ওয়েস্লে এবং ধর্ম অনুসরণকারীগণ (মেথোডিস্ট), জনাথন এডওয়ার্ডস এবং তার অনুগামীরা(পিউরিটান), গিলবার্ট টেনোন্ট এবং তাঁর সঙ্গীরা(ব্যাপটিস্ট), ডসন ত্রটম্যান এবং তার অনুগামী (নেভিগেটের),বিলি গ্রাহাম এবং তাঁর আধুনিক ধর্ম-প্রচারকারীগন (ইভানগেলেসিলিসিম),অথবা বিল ব্রাইট এবং খ্রিস্টের ধর্ম যুদ্ধের বাহক, সকলেই বারংবার একই নিয়ম অনুসরণ করছেন। যিশু ম্যাথিউ ১৬:১৮ তে বলছেন,"আমি আমার গির্জা স্থাপন করব"। এই নিয়ম তাঁর পদ্ধতি এবং FJT বিশ্বাসীদের তাদের সমস্ত হৃদয়, আত্মা, মন এবং শক্তি দিয়ে অনুসরণ করতে সাহস জোগায়।

প্রশক্ষিকদরে প্রশক্ষিণ

এই বভিাগে আলোচনা করা হয়ছেে কভিাবে প্রশক্ষিকদরে একটি গঠনকারী উপায় শক্ষিা দতিে হব. প্রথমে, আমরা আপনার সাথে ফলাফলগুলি বনিমিয় করব, যা আপনি অন্যদরে মৌলকি অনুশষ্যিদরে গঠন এর দ্বারা প্রশক্ষিণ দওেয়ার পর যুক্তসিঙ্গতরূপে আশা করতে পারনে | তারপর, আমরা আপনার জন্য প্রশক্ষিণ প্রকরয়িার রূপরখো দবে, যখোনে রয়ছেে

১)উপাসনা ২)প্রার্থনা ৩)অধ্যয়ন এবং ৪)অভ্যাস, যা সর্বাপক্ষো গুরুত্বপূর্ণ নর্দিশোবলীর উপর ভত্তিকি | পরশিষে, আমরা প্রশক্ষিকদরে প্রশক্ষিণরে উপর কছিু মূল নীতরি কছিু জানাব , যা আমরা হাজার হাজার প্রশক্ষিকদরে প্রশক্ষিণ দতে্তেয়ার সময় আবষ্কিার করছেি|

ফলাফল

মৌলকি অনুশষ্যি গঠন সমাপ্তরি পরে, শক্ষিার্থীরা সক্ষম হবে:

- একটি গঠনকর প্রশক্ষিণরে পদ্ধতি ব্যবহার করে, অন্যান্যদরে খ্রীষ্টরে উপর ভত্তি করে দশটি প্রাথমকি অনুগামী গঠনকারী পাঠগুলরি শখোতে
- আটটি স্পষ্ট ছবি মনে করুন যা যশিুর অনুগামীর ছবি তুলে ধরে|
- উপাসনা অভজ্ঞিতার সবচয়েে গুরুত্বপূর্ণ অনুশাসন উপর ভত্তি করে একটি সহজ, ছোট গোষ্ঠীতে নতেৃত্ব দনি|
- আত্মবশ্বিাসরে সঙ্গে একটি শক্তশালী সাক্ষ্য এবং যশিুর জীবন ও উপাসনার উপস্থাপনা উপাসনা করুন
- পছিয়িে পরা এবং প্রশক্ষিন বশ্বিাসীদরে কাছে পৌঁছনোর জন্য শষ্যিচরতি ২৯ মানচত্রি ব্যবহার করে একটি বাস্তবকি দৃষ্টি উপস্থাপন করুন

- একটি অনুশিষ্য গোষ্ঠী আরম্ভ করুন (যার কিছু পরে গির্জায় পরিনত হবে) এবং অন্যান্যদেরে একই কাজ করার জন্য প্রশিক্ষণ দিন।

প্রণালী

প্রতিটি অধিবেশনে একই কার্য্য বিধি অনুসরণ করে। অনুক্রম প্রণালী এবং আনুমানিক কার্যাদির সময়সূচি নিম্নিলিখিত :

প্রশংসা

- ১০ মিনিট
- কাউকে অধিবেশন শুরু করতে অনুরোধ করুন, গোষ্ঠির প্রত্যেকের জন্য ঈশ্বরের আশীর্বাদ এবং দিকবিন্যাসের জন্য প্রার্থনা করুন। দলের কাউকে কয়েকেটি কোরাস্ অথবা স্তবগান এ নেতৃত্ব করার জন্য নিযুক্তকরুন (আপনার প্রসঙ্গের উপর নির্ভর করে); যন্ত্রসঙ্গীত বাধ্যতামূলক নয়।

প্রার্থনা

- ১০ মিনিট
- শিক্ষার্থীদের মধ্যে সঙ্গী নির্বাচন করে বিভিন্ন জোড় তৈরি করে বিভক্ত করুন, যে পূর্বে সঙ্গী হয়নি।
- সঙ্গীরা পরস্পরের কাছে দুটি প্রশ্নের উত্তর বিনিময় করবেন.:

  ১. আমাদের জানা পিছিয়ে পরা মানুষদের উদ্ধার করার জন্য আমরা কিভাবে প্রার্থনা করতে পারি?

  ২. যে গোষ্ঠীকে আপনি প্রশিক্ষন দিচ্ছেন তার জন্য আমরা কিভাবে প্রার্থনা করতে পারি?

- যদি কোনো শিক্ষার্থী একটি গোষ্ঠীর সূচনা না করে থাকে, তাহলে তাদের সঙ্গীদের উচিত, সম্ভাব্য বন্ধু এবং পরিবারের প্রশিক্ষণ নিমিত্তে একটি

তালিকা গঠন করার জন্য তার সঙ্গে কাজ করা, এবং তাদের তালিকাভুক্ত মানুষের সঙ্গে প্রার্থনা করা।

অধ্যয়ন

যিশুর প্রশিক্ষণ অনুসরণ কার্য্য বিধি নিম্নলিখিত পদ্ধতি ব্যবহার করে: প্রশংসা, প্রার্থনা, অধ্যয়ন, এবং অভ্যাস. এই প্রক্রিয়া সহজ উপাসনা বিন্যাসের উপর ভিত্তিক, যার ব্যাখ্যা পৃষ্ঠা ৩৩ এর শুরুতে করা হয়েছে।

- ৩০ মিনিট

- প্রতিটি "অধ্যয়ন" পাঠ "পর্যালোচনা " দিয়ে আরম্ভ হয়, এটা খ্রীষ্টের আটটি ছবি একটি পির্যালোচনা এবং সেই

- অনুযায়ী পাঠগুলি অধিগত। প্রশিক্ষণ শেষে, শিক্ষার্থীরা স্মৃতি থেকে সম্পূর্ণ প্রশিক্ষণ আবৃত্তি করতে পারবেন।

- "পর্যালোচনা "-এর পরে, প্রশিক্ষকের অথবা শিক্ষানবিশ

- বর্তমান পাঠ দিয়ে শিক্ষার্থীদের প্রশিক্ষণ দেনে, শিক্ষার্থীরা যাতে মন দিয়ে শোনেনে, সেই বিষয়ের উপর জোর দেবেনে,কারণ

- তারা পরে প্রত্যেকে অন্যান্যদের প্রশিক্ষণ দেবেনে।

- যখন প্রশিক্ষক পাঠ উপস্থাপন করেনে, তাদের নিম্নলিখিত ক্রম ব্যবহার করা উচিত:

  ১. প্রশ্ন জিজ্ঞাসা করুন

  ২. ধর্মশাস্ত্র পড়ুন

  ৩. শিক্ষার্থীদের প্রশ্নের উত্তর দিতে উৎসাহিত করুন

এই প্রক্রিয়াটি জীবনের অধিকার রূপে ঈশ্বরের বানীকে জায়গা দেয় এবং শিক্ষককে না। প্রায়শই, শিক্ষকরা একটি প্রশ্ন জিজ্ঞাসা করেনে, উত্তর দেনে, এবং তারপর ধর্মশাস্ত্র দিয়ে তাদের উত্তরটি

সমর্থন করেন। এই অনুক্রম ঈশ্বরের বানীর পবিত্রতে শিক্ষককে কর্তৃপক্ষ হিসাবে রাখে।

- যদি শিক্ষার্থীদের প্রশ্নের ভুল উত্তর দেয়, সেগুলোকে সংশোধন করবেন না, কিন্তু অংশগ্রহণকারীদের ধর্মশাস্ত্র অংশটি শব্দে পড়তে এবং আবার উত্তর দিতে অনুরোধ করুন।

- প্রতিটি পাঠ একটি স্মৃতচিারণ দ্বারা সমাপ্ত হয়। প্রশিক্ষক এবং শিক্ষার্থীরা একত্রে দাড়ান এবং দশ বার স্মৃতচিারণ আবৃত্তি করেন; প্রথমে স্মৃতচিারণ সূচনা উক্তি করেন, এবং তারপর সম্পূর্ণ স্মৃতচিারণটি। শিক্ষার্থী প্রথম ছয় বার স্মৃতচিারণটি বলার জন্য বাইবেলে অথবা তাদের শিক্ষা বিবরণী ব্যবহার করতে পারেন। কিন্তু শেষে চার বার, গোষ্ঠী মন থেকে স্মৃতচিারণ আবৃত্তি করেন। সম্পূর্ণ গোষ্ঠী দশ বার স্মৃতচিারণ আবৃত্তি করেন এবং তারপর বসেন।

অভ্যাস

- ৩০ মিনিট

- পূর্বে, প্রশিক্ষক "প্রার্থনা" বিভাগের জন্য শিক্ষার্থীদের বিভক্ত করেছিলেন। সেই প্রার্থনা সঙ্গীই এখন তাদের অভ্যাস সঙ্গী.

- প্রতিটি অধ্যায়ে একটি জোড়-এ কে "নেতা" হবেন, তা নির্বাচন করার একটি পদ্ধতি আছে। নেতা হলেন এমন একজন ব্যক্তি যিনি প্রথমে পড়াবেন। প্রশিক্ষক গোষ্ঠীতে প্রতিটি জোড়ের নেতা পছন্দ করার জন্য পদ্ধতিটির ঘোষণা করেন।

- প্রশিক্ষককে অনুসরণ করে, নেতা তাদের সঙ্গীকে প্রশিক্ষণ দেন। প্রশিক্ষন সময়কালের মধ্যে পর্যালোচনা এবং নতুন পাঠ থাকবে, এবং স্মৃতচিারণ দিয়ে এটি শেষে হবে। শিক্ষার্থীরা "স্মৃতচিারণ" আবৃত্তি করার জন্য উঠে দাঁড়ান এবং এটি সমাপ্ত হওয়ার পরে বসতে পারেন, তাই প্রশিক্ষক দেখতে পারেন, কোন কোন শিক্ষার্থী এটি সম্পূর্ণ করছেন।

- যখন একটি জোড়ের প্রথম একজন ব্যক্তির পাঠ শেষ হয়, দ্বিতীয় একজন ব্যক্তি প্রক্রিয়ার পুনরাবৃত্তি করেন, এভাবে তারা প্রশিক্ষন অভ্যাসও করতে

পারনে| অনুগ্রহ করে নশি্চতি হন যে কোনো জোড় যনে প্রক্রয়িাটি উপক্ষো অথবা সংক্ষপি্ত না কর.

- অভ্যাস কালে তারা আপনাকে সঠকি অনুসরণ করছে কিনা তা নশি্চতি করার জন্য কক্ষ পরদির্শন করুন |সঠকি হস্ত মুদ্রা ব্যবহারে ব্যর্থতা একটি সঙ্কেতে যে তারা আপনাকে অনুসরণ করছনে না| বারবার গুরুত্বারোপ করুন যে তারা যনে আপনার শৈলী নকল কর.

- তাদরেকে একট নিতুন সঙ্গী খুঁজে দনি এবং পালাক্রমে বদলী করে আবার অভ্যাস করান|

সমাপ্তি

- ২০ মনিটি

- অধকিাংশ অধবিশেন একটি ব্যবহারকি প্রয়োগ শকি্ষার কর্মকান্ড দ্বারা শষে হয়| শকি্ষার্থীদরে প্রচুর সময় দনি তাদরে শকি্ষাচরতি ২৯ মানচতি্রর উপরে কাজ করার জন্য এবং তাদরে কর্মক্ষত্রের পরদির্শনরে সাথে তাদরে উতসাহ দনি এবং কাজ করতে করতে অন্যান্যদরে থকেে তাদরে ধারণাগুল সিংগ্রহ করুন|

- যে কোনো প্রয়োজনীয় ঘোষণা করুন এবং তারপর কাউকে আশীর্বাদ প্রার্থনা করার জন্য অনুরোধ করুন| যে আগে প্রার্থনা করনেন তিাকে প্রার্থণা করতে বলুন – প্রশকি্ষণ শষে, প্রত্যকেরেই অন্তত একবার করে প্রার্থনা করা উচতি.

নীতি

আমরা নম্নিলখিতি নীতগিুল গিত দশ বছরে হাজার হাজার মানুষকে শকি্ষাদানরে মাধ্যমে আবস্কিার করছে| আমাদরে অভজ্ঞিতায়, নীতগিুল সিাংস্কৃতকিভাবে নর্দিষ্টি নয়; আমরা এশয়িার, আমরেকিার, আফ্রকিার কর্মক্ষত্রেে তাদরে প্রয়োগ দখেছে(িযদওি আমরা ইউরোপ সম্পর্কে জানন না!).

- **পাঁচরে নয়িম-** আত্মবশি্বাস লাভরে জন্য শকি্ষার্থীদরে অবশ্যই পাঁচ বার পাঠ অনুশীলন করে অন্য ব্যক্ত প্রিশকি্ষণ দওেয়া উচতি |একটি পাঠ অভ্যাসরে

অর্থ, হয় কাউকে পাঠ অভ্যাস করতে শোনা অথবা নিজেদেরকেই এটি অভ্যাস করা।সেই কারণে, আমরা অভ্যাস সময় দুইবার করার প্রস্তাব দেই। শিক্ষার্থীদের তাদের প্রার্থনা সঙ্গীর সঙ্গে একবার অভ্যাস করা উচিত এবং তারপর সঙ্গী পরিবর্তন করে পুনরায় পাঠ অভ্যাস করা উচিত।

- **বেশির চেয়ে কম ভালো-** অধিকাংশ শিক্ষার্থী তাদের বাধ্যতা স্তরের অনেক উপরে শিক্ষিত হন। প্রশিক্ষকদের মধ্যে একটি সাধারণ ভুল হলো, তাদের শিক্ষার্থীরা যতটা মান্য করতে পারেন, তার চেয়ে অধিক তথ্য প্রদান করা। প্রশিক্ষণের এই ধরনের দীর্ঘমেয়াদী প্রকাশ শিক্ষার্থীদের বহুল-জ্ঞান দান করে, কিন্তু ব্যবহারিক প্রয়োগ সামান্য হয়। আমরা সবসময় শিক্ষার্থীদের এক "ঝুলি" তথ্য দিতে চেষ্টা করি, যা তারা তাদের সাথে বহন করতে পারেন এবং প্রয়োগ করতে পারেন, এক "বহুব্যবহৃত বাতিল বাক্স" নয়।

- **বিভিন্ন শিক্ষার্থী ভিন্নভাবে শেখে-** মানুষ তিনটি ভিন্ন শৈলী থেকে শেখে: শ্রবণ,দর্শন, এবং স্পর্শ। প্রশিক্ষণকে অত্যন্ত গঠনকারী করার জন্য, প্রতিটি পাঠে এই তিনটি প্রশিক্ষণ শৈলী যুক্ত থাকা অবশ্যই প্রয়োজনীয়। অধিকাংশ প্রশিক্ষণ, এক অথবা দুটি শৈলী উপর নির্ভর করে। আমাদের লক্ষ্য হল সমগ্র জনগণের পরিবর্তন সাধন। ফলস্বরূপ, আমাদের প্রশিক্ষণ কার্য্য বিধি, তিনটি প্রশিক্ষণ শৈলী কেই অন্তর্ভুক্ত করে,যাতে কোন একজনও বহিষ্কৃত না হয়।

- **প্রক্রিয়া এবং বিষয়বস্তু হল গুরুত্বপূর্ণ-** গবেষকেরা প্রাপ্তবয়স্ক শিক্ষাতে অনেক অগ্রসর হয়েছেন, যা আমাদের জনসাধারনকে তথ্য-ভিত্তিক প্রশিক্ষণের পরিবর্তে রূপান্তরমূলক প্রশিক্ষণ দেওয়ার ক্ষমতাপ্রদান করে। উদাহরণস্বরূপ, আমরা জানি যে প্রায়ই ব্যবহৃত "বক্তৃতা বিন্যাস" অধিকাংশ ছাত্রদের জন্য ভাল পদ্ধতি নয়। দুঃখতিভাবে, অধিকাংশ বিদেশী প্রশিক্ষণ এখনও এই বিন্যাস অনুসরণ করে। আমরা যীশুর প্রশিক্ষণ অনুসরণ বিন্যাসে পুনরূত্পাদনে মনোযোগ দিই– আমাদের পাঠগুলি পুনরূত্পাদন করার জন্য পরবর্তী প্রজন্মের শিক্ষার্থীদের ক্ষমতা অনুযায়ী আমরা পাঠ গুলির মূল্যায়ন করি।

- **পর্যালোচনা,পর্যালোচনা,পর্যালোচনা-** আরেকটি প্রবাদ মনে রাখার জন্য প্রায়ই ব্যবহৃত হয়, "হৃদয় দ্বারা কিছু শেখো"। আমাদের প্রশিক্ষণ কার্য্য বিধির লক্ষ্য হলো হল জনগণের অন্তরে রুপান্তর পরিলক্ষিত করা। ফলস্বরূপ, আমাদের একটি উদ্দেশ্যে হল প্রত্যেকে শিক্ষার্থীর যেন স্মৃতি থেকে একবার

সম্পূর্ণ প্রশিক্ষণ পাঠ্যক্রম আবৃত্তি করে। প্রতিটি অধ্যায়ের প্রারম্ভে "পর্যালোচনা" অংশটি, শিক্ষার্থীদের ঠিক এই করতে সাহায্য করে। দয়া করে পর্যালোচনা এড়িয়ে যাবেন না। আমাদের অভিজ্ঞতায়, দক্ষিণ পূর্ব এশিয়ায় এমনকি কৃষকরা যারা তৃতীয়-স্তর পর্যন্ত শিক্ষিত, তারাও হস্ত-মুদ্রা ব্যবহার করে মৌলিক অনুশিষ্য গঠন-এর সমগ্র বিষয়বস্তু পুনরাবৃত্তি করতে পারেন।

- **পাঠ নির্মাণ-** যখন আমরা অন্যদের প্রশিক্ষণ দিই, শিক্ষার্থীদের সহজে মনে রাখার জন্য এবং আস্থা অর্জন করার জন্য আমরা পাঠ "নির্মাণ" করি। উদাহরণস্বরূপ, আমরা প্রথম প্রশ্ন জিজ্ঞাসা করি, ধর্মগ্রন্থ পড়ি, উত্তর দিই, এবং হস্ত-মুদ্রা প্রদর্শন করি। এর পরে, আমরা দ্বিতীয় প্রশ্ন পড়ি এবং একই প্রক্রিয়া অনুসরণ করি। আমরা তৃতীয় প্রশ্নতে যাবার পূর্বে, আমরা এক এবং দুই প্রশ্নের প্রশ্ন, উত্তর, এবং হস্তমুদ্রা পর্যালোচনা করি। তারপর আমরা তৃতীয় প্রশ্নের দিকে অগ্রসর হই। সমগ্র পাঠ জুড়ে আমরা একই কার্য্য বিধি অনুসরণ করি, প্রতি নতুন প্রশ্ন দ্বারা পাঠ টি "নির্মান" করতে থাকি। এটি শিক্ষাত্রীদের কাছে পাঠটি প্রাসঙ্গিক করে তোলে এবং সহজে মনে রাখতে সাহায্য করে।

- **একটি উদাহরণ হয়ে ওঠা-** মানুষ তাই করে যা তাদের জন্য আদর্শ। প্রশিক্ষণ নিজেদেরকে বস্তুগত জীবন থেকে উপাদান বার করে কেবেলমাত্র অন্যদের তথ্যপ্রদান করা নয়। কিভাবে ঈশ্বরের আমাদের নিজস্ব জীবন সুন্দর করে তুলছেন, তার নতুন গল্প তাদের উদ্বুদ্ধ করে, আমরা যাদের প্রশিক্ষণ দিই। প্রশিক্ষণ কোনো কাজ নয়; এটি একটি জীবনধারা। চার্চ-স্থাপন আন্দোলন একটি গোষ্ঠী-ভুক্ত বিশ্বাসীদের মধ্যে সরাসরি সমানুপাত উত্থান করে, যারা এই মনোভাব অবলম্বন করছেন।

সহজ উপাসনা

সহজ উপাসনা যীশুর প্রশিক্ষণ অনুসরণ এর একটি সমালোচনামূলক উপাদান অনুশিষ্য গঠনের একটি মূল প্রশিক্ষণ।

মহান অনুশাসনের উপর নির্ভর করে সহজ উপাসনা মানুষকে

শিক্ষা দেয়, কিভাবে আদেশে মান্য করে ঈশ্বরের প্রতি তাদের হৃদয় দিয়ে, আত্মা দিয়ে, সমস্ত মন দিয়ে, এবং সমস্ত শিক্ষা দিয়ে ভালবাসা জানাতে হয়।

আমাদের সমস্ত হৃদয় দিয়ে আমরা ঈশ্বরকে ভালবাসি, তাই আমরা তাঁর প্রশংসা করি। আমরা ঈশ্বরকে ভালবাসি আমাদের সমস্ত আত্মা দিয়ে, তাই আমরা তাঁর প্রার্থণা করি। আমরা ঈশ্বরকে ভালবাসি আমাদের সমস্ত মন দিয়ে, তাই আমরা বাইবেলে অধ্যয়ন করি। পরিশেষে, আমরা ঈশ্বরকে ভালবাসি আমাদের সমস্ত শক্তি দিয়ে, তাই আমরা যা শিখেছি তা অভ্যাস করি, যাতে অন্যান্যদের সাথে এটা বিনিময় করতে পারি।

ঈশ্বর সমগ্র দক্ষিণ পূর্ব এশিয়ার ছোট ছোট গোষ্ঠীগুলিকে আশীর্বাদ করেছেন, যারা আবিষ্কার করেছেন যে তারা যে কোনো স্থানে সহজ উপাসনা করতে পারেন– ঘর, রেস্তোঁরা, নগর উদ্দ্যানে, রবিবার বিদ্যালয়ে,

এমন কি বুদ্ধমন্দিরেও !

অনুসূচী

- চারজন এর একটি গোষ্ঠী সহজ উপাসনা সমাপ্ত করার জন্য সাধারণত কুড়ি মিনিট সময় নিতে পারে।

- একটি অধিবেশন বিন্যাসে, আমরা দিনের শুরুতে এবং/অথবা মধ্যান্হ ভোজনের পরে সহজ উপাসনা করে থাকি

- প্রথমবার আপনি যখন সহজ উপাসনা করেন, এটি গোষ্ঠির জন্য তৈরি করুন; প্রতিটি অংশ ব্যাখ্যা করতে সময় নিন।

- সহজ উপাসনার পদ্ধতটি তৈরি করার পর প্রশিক্ষনের প্রত্যেকেটি ব্যক্তিকে একটি সঙ্গী বেছে নিতে অনুরোধ করুন। সাধারণত, শিক্ষার্থীরা কোন বন্ধুকে বেছে নেয়। যখন সবাই তাদের সঙ্গী খুঁজে নিয়েছে, প্রত্যেকেটি জোড়াকে আরকেটি জোড়া সঙ্গে যোগদান করতে অনুরোধ করুন–প্রতিটি দলে যেনে চারজন মানুষ থাকেন।

- গোষ্ঠীগুলিকে তাদের নিজের 'নাম' বেছে নিতে বলুন, সেটো করতে তাদের কয়েক মুহূর্ত প্রদান করুন ; তারপর কক্ষ প্রদক্ষিন করুন এবং প্রত্যেকেটি দল কে তাদের কি নাম জিজ্ঞাসা করুন। বাকি প্রশিক্ষিণ ধরে গোষ্ঠীগুলিকে এই নাম দ্বারা ডাকার করার চেষ্টা করুন।

- একটি সাপ্তাহিক কার্য্য বিধিতে, আমরা মানুষকে প্রথমে সহজ উপাসনা শেখোতে চাই। আমরা পুনরায় পরিদর্শন করি এবং পরবর্তী দুটি অধিবেশন চলাকালীন এটি অভ্যাস করি।

প্রক্রিয়া

- চারটি গোষ্ঠির মধ্যে ভাগ করুন

- প্রতিটি ব্যক্তি সহজ উপাসনার বিভিন্ন অংশ নেয়ে

- প্রত্যেকেটি সময় আপনি সহজ উপাসনার অভ্যাস করেন, শিক্ষাত্রীরা সহজ উপাসনার তাদের অংশটি পর্যায়ক্রমে অভ্যাস করবেন, যাতে প্রশিক্ষিণ সময় শেষে তারা তাদের অংশটি অন্তত দুইবার অভ্যাস করে থাকেন।

প্রশংসা

- দলের একজন ব্যক্তি দুটি স্লোক অথবা স্তবগানের নেতৃত্ব দেনে (আপনার প্রসঙ্গের উপর নির্ভরশীল)

- যন্ত্রপাতির প্রয়োজন হবে না

- প্রশিক্ষিণ অধিবেশনে শিক্ষার্থীদের তাদের আসন এমনভাবে স্থাপন করতে বলুন যেনে তারা একত্রে একটি কিফখািনার টেবিলে এ বসে আছেন।

- প্রত্যকে গ োষ্ঠী বভিন্নি গান গাইবে এবং সইেটি ভাল।

- গ োষ্ঠীগুলকিে ব্যাখ্যা করুন যে এটি একটি গ োষ্ঠী রূপে আপনার সমস্ত হৃদয়রে দয়িে ঈশ্বররে প্রশংসা করার সময়, এটি দিেখেতে নয়, যে কে োন গ োষ্ঠী জ োরে গাইতে পারে।

প্রার্থনা

- **অপর** ব্যক্তি (যনিি প্রশংসায় নতেৃত্ব দনেনি) প্রার্থনার সময় নতেৃত্ব দবেনে।

- প্রার্থনা নতো প্রত্যকেটি গ োষ্ঠী কে একটি প্রার্থনার অনুর োধ করবনে, এবং এটি লিখিে রাখবনে।

- যতক্ষণ না গ োষ্ঠী আবার মলিতি হয়, প্রার্থনা নতো এই বষিয়গুলি জন্য প্রার্থনা করার অঙ্গীকার করনে।

- প্রত্যকেটি ব্যিক্তি তাদরে প্রার্থনা অনুর োধ বনিমিয় করার পর, প্রার্থনা নতো গ োষ্ঠীর জন্য প্রার্থনাটি করিনে।

অধ্যয়ন

- **অন্য** ব্যক্তি চারটি জনিরে এই গ োষ্ঠীকে অধ্যয়ন সময়ে নতেৃত্ব দবেে।

- অধ্যয়ন নতো তাঁর নজিরে কথায় বাইবলে থকেে একটি গল্প বলনে; আমরা পরামর্শ দই, অন্তত শুরুর দকিে যশিুর জীবন ও শকি্ষা থকেে গল্প বলতে।

- গ োষ্ঠী উপর ভত্তিি করে, আপনি অধ্যয়ন নতোদরে প্রথমে বাইবলেরে গল্প পড়তে এবং তারপর তার নজিরে ভাষায় তাকে বলতে অনুর োধ করতে পারনে।

- অধ্যয়ন নতো বাইবলেরে গল্প বলার পরে, তার গ োষ্ঠীকে তনিটি প্রশ্ন করনে:

  ১. এই গল্প ঈশ্বররে সম্পর্কে আমাদরে কি শিখোন ?

  ২. এই গল্প মানুষ সম্পর্কে আমাদরে কি শিখোন ?

৩. এই গল্প থেকে আমি এমন কি জানলাম যা আমাকে যীশুকে অনুসরণ করতে সাহায্য করবে ?

- গোষ্ঠী প্রত্যেকটি প্রশ্ন একসাথে আলোচনা করে, যতক্ষণ না অধ্যয়ন নেতা অনুভব করেন যে আলোচনা দুর্বল হয়ে পড়েছে; তারপর নেতা পরবর্তী প্রশ্নের দিকে অগ্রসর হন।

অভ্যাস

- **অন্য** ব্যক্তি চারটি জিনের এই গোষ্ঠী কে অভ্যাস সময়ে নেতৃত্ব দেবেন।

- অভ্যাস নেতা গোষ্ঠীকে পুনরায় পাঠ পর্যালোচনা করতে সাহায্য করেন এবং নিশ্চিত হন যে প্রত্যেকেরই পাঠ বোধগম্য হয়েছে এবং তারা এটা অন্যদের শেখাতে সক্ষম।

- অভ্যাস নেতা একই বাইবেলে গল্প বলেন যেটি অধ্যয়ন নেতা বলছেন।

- অভ্যাস নেতা একই প্রশ্ন করেন, যা অধ্যয়ন নেতা করেছিলেন এবং গোষ্ঠী প্রতিটি প্রশ্ন পুনরায় আলোচনা করে।

সমাপ্তি

- সহজ উপাসনা গোষ্ঠী পৃথক প্রশংসা গান গেয়ে অথবা পরমেশ্বের'র প্রার্থনা একসঙ্গে উক্তি করে উপাসনার সময় সমাপ্ত করে।

স্মরণে রাখার মূল নীতি

- চারজনের গোষ্ঠী সহজ উপাসনা তে শ্রেষ্ঠ কাজ করছে। যদি আপনার একটি পাঁচ জনের একটি গোষ্ঠী তৈরি করা আবশ্যক হয়, তাহলে শুধুমাত্র একটি নির্মাণ করুন। ছয়জন মানুষের একটি গোষ্ঠীর থেকে তিনজন মানুষের দুটি গোষ্ঠী বেশি ভালো।

- সহজ উপাসনায় পুনরুৎপাদন করার একটি উপায় হল, প্রতিটি ব্যক্তি পালাক্রমে চারটি অংশের একটি অভ্যাস করে: প্রশংসা, প্রার্থনা, অধ্যয়ন, অথবা অভ্যাস।

চারজনরে গ োষ্ঠী মানুষকে নতুন কছিু শখিতে সাহায্য করে এবং একটি বড় দলরে মত ভীতজিনক হয় না।

- গ োষ্ঠকিে তাদরে হৃদয়রে ভাষা দয়িে অর্চনা করতে উত্সাহতি করুন। যদি গ োষ্ঠীতে কোন গায়ক না থাকে এটি হতইে পার), গ্রুপগুলকিে একটি ধর্মসঙ্গীত একসঙ্গে উচ্চকন্ঠে গাত্তয়ার প্রস্তাব দনি।

- একটি অভ্যাস অধবিশেনরে মাধ্যমে, অভ্যাস ব্যক্তকিে যথষ্টে সময় দনি। অভ্যাস সময়রে এই দায়বদ্ধতা সহজ উপাসনার গ োষ্ঠকিে পুনরুত্পাদনে সাহায্য কর।

- অভ্যাস অধবিশেন ছাড়া, এটি ঠকি অন্য বাইবলে অধ্যয়ন গ োষ্ঠরি মত পরণিত হয়। এটা কি সত্যই আপনি চান ?

- আপনি লক্ষ্য করে থাকতে পারনে, সহজ উপাসনা কার্য-বধিি সইে একই প্রক্রয়িা, যা দশটি FJT অধবিশেনে ব্যবহৃত হয়ছে: প্রশংসা, প্রার্থনা, অধ্যয়ন, এবং অভ্যাস। মূল পার্থক্য আছে "অধ্যয়ন" বভিাগরে সূচী তে। FJT এর শষে, শকি্ষার্থীরা সহজ উপাসনার কার্যত-বধিি অনকেবার চর্চা করবনে। আমাদরে প্রার্থনা হল যে তারা একটি গ োষ্ঠী পরচািলনা করবে এবং অন্যদরে একসঙ্গে সহজ উপাসনার প্রশক্ষিণ দবে।

দ্বিতীয় পর্ব

প্রশিক্ষণ

১

স্বাগতম

স্বাগতম প্রশিক্ষক এবং শিক্ষার্থীদের পরিচয়ের মাধ্যমে প্রশিক্ষণ অধিবেশন বা সম্মেলন গুলি উন্মোচন করে। প্রশিক্ষক যীশুর যে আটটি ছবি সদৃশ হস্তমুদ্রার সাথে শিক্ষার্থীদের সাথে পরিচয় করায়,তা নিম্নলিখিত : সৈনিক, সন্ধানী, মেষপালক, বপক, পুত্র, পরমেশ্বর, ভৃত্য, এবং গোমস্তা। কারণ মানুষ শুনতে শুনতে, দেখতে দেখতে এবং করতে করতে শেখে, যীশু প্রশিক্ষণ অনুসরণ এই প্রতিটি প্রশিক্ষণ শৈলী প্রতিটি পাঠে অন্তর্ভুক্ত করে।

বাইবেলের মতে, পবিত্র আত্মা আমাদের শিক্ষক; সমস্ত প্রশিক্ষণে এই আত্মার উপর নির্ভরশীল হতে শিক্ষার্থীদের উত্সাহ দেওয়া হয়। প্রশিক্ষক এবং শিক্ষার্থীদের মধ্যে আরো স্বচ্ছন্দ বায়ুমণ্ডল প্রদান করতে একটি "চায়ের দোকান" খোলার দ্বারা অধিবেশনটি সমাপ্ত হয়, যেখানে অনুগামীরা যিশুর সাথে আনন্দ উপভোগ করবেন।

প্রশংসা

- কাউকে ঈশ্বরের উপস্থিতি এবং আশীর্বাদ জন্য প্রার্থনা করতে বলুন
- একত্রে দুটি কোরাস্ বা স্তবগান করুন।

প্রারম্ভ

প্রশিক্ষকদের পরিচয়

অধিবেশনের প্রারম্ভ কালে প্রশিক্ষক এবং শিক্ষার্থীরা একটি বৃত্তের মধ্যে থাকবেন। আগে থেকে টেবিল বিন্যস্ত থাকলে, তাদেরকে নির্দিষ্ট সময়ের পূর্বেই সরিয়ে ফেলুন।

- প্রশিক্ষক শিক্ষার্থীদের কিভাবে নিজেদের পরিচয় করাতে হয়,টা দেখান।

- প্রশকি্ষকরা এবং শকি্ষানবসি (পরশিষ্টি গ শকি্ষানবসি এর ভূমকিা বর্ণনা কর) পরস্পররে সঙ্গে পরচিয় করায়। তারা অন্য ব্যক্তরি নাম, তাদরে পরবিার সম্পর্কে তথ্য, জাতগিত গোষ্ঠী (যদি উপযুক্ত হয়), এবং একটি উপায় যাতে ঈশ্বর তাদরে সইে মাসে সুখী করছেনে, তা বনিমিয় করনে।

শকি্ষার্থীদরে পরচিয়

- জোড় হসিাবে শকি্ষার্থীদরে ভাগ করুন

  তাদরে বলুন, "আপনি এখন একই ভাবে নজিদেরে পরচিয় করাবনে যভোবে আমার শকি্ষানবসি এবং আমি করছেলিাম"।

- তারা তাদরে সঙ্গী নাম, তাদরে পরবিার সম্পর্কে তথ্য, জাতগিত গোষ্ঠী, এবং একটি উপায় যাতে ঈশ্বর তাদরে সইে মাসে সুখী করছেনে, তা জানবনে। এটি তাদরে ছাত্র ববিরণীতে তথ্য রূপে লখো লাভজনক হতে পার,ে এতে তারা ভুলবনে না।

- প্রায় পাঁচ মনিটি পর,ে শকি্ষার্থী জোড়কে অনুরোধ করুন কমপক্ষে অন্যান্য পাঁচ সঙ্গীর সাথে নজিদেরে পরচিয় করাত,ে যে ভাবে আপনি আপনার সঙ্গীর সঙ্গে তাদরে পরচিয় করালনে।

যীশুর পরচিয়

"আমরা আপনাদরে সাথে নজিদেরেকে পরচিয় করয়িছে,ি এবং আপনারা পরস্পররে সাথে নজিরে পরচিয় করয়িছেনে। এখন, আমরা যশিুর সাথে আপনাকে পরচিয় করাতে চাই। বাইবলেে যীশুর অনকে ছবি আছ,ে কনি্তু আমরা প্রধান আটটি ছবরি উপর মনোযোগ আকর্ষণ করতে যাচ্ছি।"

বাইবলে যীশুর আটটি ছবি

- সাদা বোর্ডে একটি বৃত্ত আঁকুন এবং খ্রীষ্টরে ছবির তালিকা করুন। ছাত্রদরে কয়কেবার তাদরে ক্রমানুক্রমে পুনরাবৃত্তি করতে বলুন– যতক্ষণ না তারা তাদরে স্মৃতি থকেে সহজে বলতে পারনে।

"যীশুর একজন সনৈকি, সন্ধানী, মষেপালক, বপক, পুত্র, পরমশ্বের, শ্রমকি, এবং গোমস্তা"

সনৈকি
তরোয়াল তোলো

সন্ধানী
চোখরে উপরে হাত রখেে সামনে পছিনে তাকান।

মষেপালক
আপনার শরীররে দকিে হাত ঘোরান যনে আপনি মানুষ জমায়তে করছনে।

বপক
হাত দয়িে বীজ নকি্ষপে করুন।

পুত্র
মুখরে দকিে হাত ঘোরান, যনে আপনি ভোজন করছনে।

পবত্রি
প্রাচীন "প্রার্থনা হাত" ভঙ্গতিে হাত রাখুন।

"যীশুই পরমশে্বর, আমরা ধর্ম-প্রচারক।".

ভৃত্য
একটা হাতুড়ি চালনা করুন।

গোমেস্তা
জামার পকটে অথবা অর্থরে ঝুলি থকেে অর্থ ননি।

"একটি ছবি হাজার শব্দরে থকেওে অনকে বশেি কথা বল,ে এবং এই বাইবলেরে ছবগিুলি আপনাকে 'যীশুর' সাথে চলার সময়ে গভীর অন্তর্দৃষ্টি দবে।ে একটি ছবি আমাদরে স্পষ্ট দৃষ্টি দয়ি,ে যার ফলে আমরা বুঝতে পার,ি কখন এবং কভিাবে যীশুর কাজ করছনে".

"একজন পতিা সংবাদপত্র পড়ছলিনে এবং তার অল্পবয়স্ক পুত্র বারবার তাতে ব্যাঘাত করছলি,সে খলেতে চাইছলি। সাময়কি ব্যাঘাতরে পর,ে পতিা সংবাদপত্ররে একটি পৃষ্ঠাকে কটেে কছিু টুকরো করে একটি ধাঁধা তরৈি করলনে। তনিি তাঁর পুত্র বলনে টুকরা টুকরা কাগজগুলি নয়ি,ে তাদরে সঠকি অনুক্রমে আটকাত,ে এবং তারপর তনিি তার সাথে খলেবনে।

পতিার বশি্বাস ছলি তার ছলেরে এটি করতে দীর্ঘ সময় লাগব,ে যা তাকে সংবাদপত্ররে অবশষ্টি অংশ পড়ার জন্য প্রশস্ত সময় দবে।ে তার পরবির্ত,ে পুত্র ১০মনিটি পর 'ধাঁধা' টি সম্পূর্ণ করে ফরিে এল। যখন জজি্ঞাসা করা হলো কভিাবে সে এত তাড়াতাড়ি সম্পূর্ণ করল, পুত্র উত্তর দলি, 'এটি সহজ ছলি। পছিনে একটি ছবি ছলি, এবং যখন আমি ছবগিুলি অনুক্রমে সাজালাম,তখন অন্য দকিরে সব অক্ষরগুলওি অনুক্রমে এসে গলে।"

"যীশুর এই আটটি ছবি আপনাকে একটি স্পষ্ট দুরদৃষ্টি দিবে যখন আপনি যীশুর সাথে পথ চলবেন।"

"কাউকে অনুসরণ করা মানে কিভাবে সেই ব্যক্তি সবকাজ করে তা নকল করা। একজন শিক্ষানবিশ তার প্রভুকে নকল করে একটি বানিজ্যি সম্পর্কে জানার জন্য। ছাত্ররা তাদের শিক্ষকদের মত হয়। কারণ আমরা সকলেই কাউকে না কাউকে নকল করি। আমরা যাকে নকল করি আমরা তার মতো হয়ে যাই। আমাদের প্রশিক্ষণের সময়, আমরা সরাসরি প্রশ্ন করব, বাইবেলের মধ্যে উত্তর অনুসন্ধান করব, আবিষ্কার করব কিভাবে যীশু গমন করেছিলেন এবং তাকে অনুসরণ করার অনুশীলন করব."

তিনটি উপায় কি যা আমরা সবচেয়ে ভাল শিখিতে পারি?

"তিনটি উপায় আছে যা মানুষ শেখে। সকলেই তিনটি উপায় ব্যবহার করেন, কিন্তু আমাদের সর্বাপেক্ষা ভালো উপায়টি শেখার প্রবণতা থাকে । এই প্রশিক্ষণে, আমরা তিনটি পদ্ধতিই ব্যবহার করব যা মানুষ প্রতিটি পাঠের মধ্যে শেখে, যাতে আপনার নির্দিষ্ট শিক্ষণ শৈলীর সাথে আপনি প্রতিটি বিষয়ে পরদির্শী হয়ে উঠতে পারেন"

"কিছু মানুষ শুনতে শুনতে সবচেয়ে ভাল শেখেন। সেই কারণে, আমরা সর্বদা উচ্চকন্ঠে ধর্মগ্রন্থ পাঠ করব এবং উচ্চকন্ঠে প্রশ্ন জিজ্ঞাসা করব।"

শ্রবণ
আপনার কানের কাছাকাছি আপনার হাত পেয়ালার আকারে রাখুন।

"কিছু মানুষ দর্শন দ্বারা সবচেয়ে ভাল শেখেন। সেই কারণে, গুরুত্বপূর্ণ সত্য ব্যাখ্যা করার জন্য আমরা ছবি ও নাটিকা ব্যবহার করব। "

দর্শন
আপনার চোখের দিকে নির্দেশ করুন।

"কিছু মানুষ কাজ করে সবচেয়ে ভাল শেখেন। সেই কারণে, আমরা হাতের কাজ করব, যা আপনাকে সাহায্য করবে আমরা যা বলছি সেটা করার জন্য এবং অভ্যাস করার জন্য।"

কর্ম
আপনার হাত দিয়ে একটি গোলাকার গতি করুন।

"শ্রবণ, দর্শন, এবং কর্ম আমাদরে তনিটি প্রধান শকি্ষক। এছাড়াও বাইবলেরে মতে পবত্রি আত্মাও আমাদরে শকি্ষক। সমগ্র অধবিশেনে, আমি আপনাকে প্ররোচতি করব পবত্রি আত্মা উপর নর্ভির করে পাঠ শখিতে কারণ তনিইি একমাত্র যনিি সর্বোত্তম শকি্ষা দনে।"

পরসিমাপ্তি

চায়রে দোকান খোলা!

"কোন জায়গায় আপনি বন্ধুদরে সাথে সবচয়েে বশেি আনন্দ উপভোগ করনে : বদি্যালয়রে শ্রণেীকক্ষে অথবা একটি চায়রে দোকানে (অথবা কফরি দোকানে) ? "

"আমরা শ্রণেীকক্ষে অনকে ভাল জনিষি শখিতে পারি এবং আমরা আমাদরে শকি্ষকদরে শ্রদ্ধা করা উচতি। তথাপি, আমরা আমাদরে বন্ধু, পরবিার এবং গ্রাম সম্পর্কে যা শখিতে পারি, তার অধকিাংশই চায়রে দোকানে। এটি তখিনও সত্য ছলি যখন যীশুর পৃথবীতে ছলিনে।"

– লূক ৭:৩১-৩৫– যশিু বললনে, তোমরা কার মতো? কোন ধরনরে মানুষ তোমরা? তোমরা শশিুর মতো, যারা বাজারে বসে পরস্পররে প্রতি চতি্কার করছ, "আমরা বাঁশি বাজছি, কনি্তু তুমি নৃত্য করবে না ! আমরা একটি শোক গাথা গাইছি, কনি্তু তুমি কাঁদবে না ! দীক্ষাগুরু যোহান খাদ্য এবং পানীয়রে সন্ধানে যাননি, এবং আপনি বলছনে, "যোহনরে মধ্যে দানব আছে !" কনি্তু যহেতেু মানব পুত্র খাদ্য এবং পানীয়রে সন্ধানে যান, আপনি বলিনে, "যশিু বশেি খাদ্য এবং পানীয় ব্যবহার করনে ! এমনকি তনিি কির আদায়কারী এবং পাপীদরে বন্ধু।" কনি্তু জ্ঞান সঠকি বলে প্রমানতি হয়ছে,ে যার দ্বারা এর অনুগামীরা কার্য্য করনে। (সইি ভি)

"চায়রে দোকান-এ আমরা অনকে বশেি স্বচ্ছন্দ থাকি। যদি যীশুর পৃথবীতে আজ আবার আসনে, তনিি চা বা কফি শপে সময় ব্যয় করবনে। তনিি যখন তনিি প্রথমবার আসনে, তখনও এই আদর্শ অনুসরণ করনে। সইে কারণে, আমরা একটি প্রশকি্ষণ কন্দ্রে থকেে একটি চায়রে দোকানে এই কক্ষরে পরবির্তন করছি।"

- এই ক্ষত্রেে, শকি্ষার্থীদরে জন্য চা, কফি এবং কছিু হালকা জলখাবাররে ব্যবস্থা করুন।

'চায়ের দোকান খোলা!'র উদ্দেশ্যে হল প্রশিক্ষণে একটি আরামদায়ক এবং বেশি লৌকিকতাবর্জিত বায়ুমণ্ডল নির্মাণ করা। অন্য কথায়, যিশু যেভাবে তাঁর অনুগামী গঠন করেছিলেন, তার কাছা কাছি একটি উপায়ের মাধ্যমে গোষ্ঠী গঠনের চেষ্টা।

২

সংখ্যা-বৃদ্ধি

সংখ্যাবৃদ্ধিতে যীশু একজন গোমস্তার ভূমিকা পালন করেন: গোমস্তা তাদের সময় এবং সম্পদের সঠিক মূল্য পেতে চান, এবং তারা সততার সঙ্গে বসবাসের ইচ্ছা ধারণ করেন। শিক্ষার্থীগণ ১)মানবজাতির প্রতি ঈশ্বরের প্রথম আদেশ, ২)যিশুর মানবজাতির প্রতি সর্বশেষ নির্দেশ, ৩)২২২ নিয়মাবলী, এবং ৪)গালিলি সাগর এবং মৃত সাগর সাগর এর মধ্যে পার্থক্য অনুসন্ধানের মাধ্যমে দূর-দৃষ্টি লাভ করেন।

পাঠ শিক্ষাটি একটি সক্রিয় প্রশিক্ষণের মাধ্যমে সমাপ্ত হয়,যেটি "উত্পাদন" এবং "ফলন" এর মধ্যে পার্থক্য; অর্থাৎ অন্যান্যদের প্রশিক্ষিত করা এবং সাধারণ শিক্ষা দেয়ার মধ্যে পার্থক্য প্রদর্শন করে। শিক্ষার্থীগণ মানুষ কে প্রশিক্ষণ দেয়ার জন্য সংপৃষ্ঠ , কিভাবে প্রশংসা করতে হয়, প্রার্থনা জানাতে হয়, ঈশ্বরের শব্দ অধ্যয়ন করতে হয় এবং অন্যদের পথ-প্রদর্শন করতে হয়। এইভাবে সময়, সম্পদ এবং সততা বিনিয়োগের মাধ্যমে শিক্ষার্থীগণ যিশুর জন্য একটি উপহার দিতে সমর্থ হবেন, যখন তারা স্বর্গে তাঁর সাথে মিলিত হবেন।

প্রশংসা

- ঈশ্বরের উপস্থিতি এবং আশির্বাদ প্রার্থনা করার জন্যও কোনো ব্যক্তিকে অনুরোধ করুন।

- দুটি ছিন্দ অথবা শ্লোক পাঠ করুন।

প্রার্থনা

- শিক্ষাত্রীদের একজন অপরজনের সাথে জোড় তৈরি করুন, যারা আগে কখনো কারুর সঙ্গী হয়নি।

- প্রত্যকে শকি্ষাত্রী একজন অপরজনরে সাথে নমি্নলখিতি প্রশ্নটরি উত্তর বনিমিয় করুন: আজ আমি কিভাবে আপনার জন্য প্রার্থনা জানাব ো?

- সঙ্গীরা একত্রে প্রার্থনা করুন।

অধ্যয়ন

পুনর্ববিচেনা

প্রতটিি পুনর্ববিচেনা অধবিশেন সমান। শকি্ষাত্রীদরে উঠে দাড়য়িে পূর্ববর্তী অধ্যায় আবৃত্ত করিতে অনুর োধ করুন। লক্ষ্য রাখুন তারা যনে হাতরে মুদ্রাও প্রদর্শন করনে।

যশিুকে অনুসরণ করার আটট ছিব কি?

সনৈকি, সন্ধানী, মষেপালক, বপক, পুত্র, ধর্ম-প্রচারক, শ্রমকি, গোমস্তা

আমাদরে আধ্যাত্মকি জীবন একট বিলেুনরে মত ো

- একট বিলেুন ননি, গ োষ্টকিে সটে দিখোন এবং বশিদে ব োঝান,

  "আমাদরে আধ্যাত্মকি জীবন একট বিলেুনরে মত ো।"

- আপন বিলেুনট তিে হওয়া ভরুন,এবং ব্যাখ্যা করুন যে আমরা ঈশ্বররে আশরি্বাদ পলোম। এখন বলেুনট থিকেে হাওয়া বার করুন এবং বলুন,

  "ঈশ্বর আমাদরে দনে, তাই আমরাও অন্যদরে দয়িে থাকি। আমরা একট আশরি্বাদ হয়ে ওঠার জন্য আশরি্বাদ-পুষ্ট।"

- আধ্যাত্মকি জীবনরে "প্রবশে" এবং "প্রস্থান" এর উদাহরণরে মাধ্যমে এই পদ্ধত টি কিয়কেবার পুনরাবৃত্ত করিুন।

অধিকাংশ ক্ষত্রে, আমরা যা গ্রহণ করি, তা প্রদান করিনা, পরিবর্তে সটো নজিরে কাছে রখেে দিই। হয়ত আমরা ভাবি যে যদি আমরা প্রদান করি, ঈশ্বর আমাদরে পুনরায় প্রদান করবনে না। হয়ত আমরা ভাবি, প্রদান করা খুব কঠনি।

- বলেুন হওয়া ভরতে থাকুন, কন্তিু ধারাবাহকিভাবে অল্প পরিমানে হওয়া বার করতে থাকুন কারণ আপনি নিজিকে "দোষী মনে করছনে" । ঈশ্বর আপনাকে এত কছিু দয়িছেনে, আর আপনি অন্যদরে বশেি দচ্ছিনে না। পরশিষেে বলেুন এ ততক্ষণ হওয়া ভরতে থাকুন যতক্ষণ না এটি ফটেে যায়।

"আমাদরে আধ্যাত্মকি জীবন এই উদাহরণরে মতো। যখন কউে আমাদরে কোনো শক্ষিা দনে, আমদরে সইে প্রাপ্ত শক্ষিা কাউকে প্রদান করা উচতি। আমরা যখন আশরি্বাদ গ্রহণ করি, তখন আমাদরে উচতি অন্যদরে আশরি্বাদ দওেয়া। আমরা যখন তা পালন করি না, তখন সটেি আমাদরে আধ্যাত্মকি জীবনরে একটি গুরুতর সমস্যার কারণ হয়ে দাড়ায় ! আমাদরে সকল প্রাপ্তি বতিরিণ না করা অবশ্যম্ভাবে আধ্যাত্মকি পরাজয়রে পথ প্রদর্শন কর।"

যশিুর মতো হওয়ার অর্থ কি?

–ম্যাথউে ৬:২০-২১– নজিরে জন্য স্বর্গে সম্পদ সংরক্ষণ করুন, যখোনে মথ এবং ধুলো নষ্ট করতে পারবে না, এবং যখোনে তস্কর ভঙেগে চুরি করিতে পারবে না। কারণ আপনার সম্পদ আপনার হৃদয়ে।

"যশিু একজন গোমস্তা। তনি অন্য যকোনো বষিয়রে থকেে অর্থ, সম্পদ এবং অগ্রাধকিাররে কথা বলনে। একজন গোমস্তা হসিাবে, যশিু আমাদরে মধ্যে বনিয়িোগ করছেনে এবং সঠকি মূল্যরে অপকে্ষোতে আছনে।"

গোমস্তা
জামার পকটে অথবা অর্থরে ঝুলি থকেে অর্থ নবোর ভান কর

গোমস্তার ৩ টি কার্য কি?

–ম্যাথউে ২৫:১৪-২৮– এটি একজন মানুষরে যাত্রার কাহনীর মতো। তনি তার নজিরে ক্রীতদাসদরে তলব করনে এবং তাদরে মধ্যে নজিরে সম্পদ বতিরিণ করনে। একজনকে তনি ৫ টি প্রিতভিা প্রদান করনে; অপরজনকে দুটি; এবং আরো একজনকে একটি প্রত্যকেকে তার ক্ষমতা অনুসারে। এরপর তনি যাত্রা সুরু করনে। তৎক্ষনাত যে ৫

টি প্রতিভা পেয়েছিল, সেগুলি কাজে লাগালো এবং আরো ৫ টি বিশে অর্জন করলো। একই ভাবে, যে দুটি প্রতিভা পেয়েছিল, আরো দুটি বিশে অর্জন করলো। কিন্তু যে একটি প্রতিভা লাভ করেছিল, সে জমিতে একটি গর্ত করে তার প্রভুর সম্পদ লুকিয়ে রাখল।অনেকদিন পর সেই ক্রীতদাস দের প্রভু ফিরে এলেন এবং হিসাব-নিকাশে বসলেন। যে ৫ টি প্রতিভা পেয়েছিল, আরো ৫ টি বিশে উপস্থিতি করলো এবং জানালো, "প্রভু, আপনি আমাকে ৫ টি প্রতিভা দিয়েছিলেন। দেখুন, আমি আরো ৫ টি অর্জন করেছি।" প্রভু তাকে বললেন, " খুব ভালো কাজ। তুমি ভালো এবং বিশ্বস্ত ক্রীতদাস ! তুমি বিশে কিছু কাজের জন্য বিশ্বস্ত ; আমি তোমাকে আরো কিছু কাজের দায়িত্ব দেবে। তোমার প্রভুর আনন্দে যোগদান কর !" তারপর দুটি প্রতিভা প্রাপ্ত ক্রীতদাস উপস্থিতি হলো। সে জানালো, "প্রভু, আপনি আমাকে দুটি প্রতিভা দিয়েছেন। দেখুন, আমি আরো দুটি বিশে অর্জন করেছি।" তার প্রভু তাকে বললেন, " খুব ভালো কাজ।তুমি ভালো এবং বিশ্বস্ত ! তুমি বিশে কিছু কাজের জন্য বিশ্বস্ত ; আমি তোমাকে আরো কিছু কাজের দায়িত্ব দেবে। তোমার প্রভুর আনন্দে যোগদান কর !" এরপর সেই ক্রীতদাস উপস্থিতি হলো, যে একটি প্রতিভা পেয়েছিল এবং জানালো, " প্রভু, আমি আপনাকে জানি। আপনি একজন দুর্বোধ্য মানুষ, আপনি সেখানে শস্য-ছেদন করেন, যেখানে বপনই

করেননি এবং সংগ্রহ করেন সেখান থেকে, যেখানে আপনি বীজ ছড়াননি। তাই আমি ভীত ছিলাম এবং আপনার প্রতিভা আমি

জমিতে লুকিয়ে রেখেছিলাম। দেখুন, এই আপনার সম্পদ।" কিন্তু তার প্রভু তাকে উত্তরে বললেন, "তুমি মন্দ, অলস ক্রীতদাস ! যখন তুমি জেনে আমি যেখানে বপন করিনা, সেখানে শস্য-ছেদন করি এবং যেখানে বীজ ছড়ায় না, সেখান থেকে সংগ্রহ করি, তখন তোমার উচিত ছিল আমার সম্পদ কোনো মহাজনের কাছে গচ্ছিত রাখা। এবং আমি যখন ফিরিব, আমি সুদ সহ আমার সম্পদ ফেরত পেতোম। তাই তার থেকে প্রতিভা নিয়ে নাও এবং তাকে দাও, যার কাছে ১০ টি প্রতিভা আছে।" (এইচ সি এস বি)

১. গোমস্তা তার সম্পদ বিচক্ষনতার সাথে বিনিয়োগ করেন।

"যিশু তিনজন ক্রীতদাসের গল্প বলেন, যাদের কাছে তাদের প্রভু তাঁর সম্পদ বিনিয়োগ-কার্য প্রদান করেছিলেন। তাদের মধ্যে দুজন বিচক্ষনতার সাথে প্রভুর সম্পদ বিনিয়োগ করেছিল।"

২. গোমস্তা তার সময় বিচক্ষনতার সাথে বিনিয়োগ করেন।

"যিশু চান আমরা আমাদের কার্য-তালিকায় তাঁর রাজত্ব কে সর্বাধিকার দিই।"

৩. গোমস্তা সততার সাথে সহাবস্থান করেন।

" যেহেতু যিশু প্রতি ছোট ছোট বিষয়ের উপর আমাদের সততা এবং আন্তরিকতা দেখেন, তিনি আমাদের উপর আরো বেশি আস্থা রাখবেন।"

"যিশু একজন গোমস্তা, এবং তিনি আমাদের সাথেই থাকেন। আমরা যখন তাকে অনুসরণ করি, আমরাও গোমস্তা তে পরিনত হই। আমরা আমাদের সম্পদ এবং সময় বিচক্ষনতার সাথে বিনিয়োগ করব, এবং সততার সাথে সহাবস্থান করব।"

মানুষের প্রতি ঈশ্বরের প্রথম আদেশ কি ছিলি?

–আদিপুস্তক ১:২৮– ঈশ্বর তাদের আশির্বাদ করছেনে; এবং বলছেনে,

" উর্বর হও ও সংখ্যা-বৃদ্ধি ঘটাও, এবং বিশ্ব ভরিয়ে তোল ও দমন কর; সমুদ্রের মৎসের উপর, আকাশের পাখির উপর এবং পৃথিবীর সকল জীবন্ত প্রাণীর উপর প্রভুত্ব কর।" (এন এ এস বি)

ঈশ্বর মানুষকে সংখ্যাবর্ধন এবং দৈহিক সন্তান লাভের কথা বলছেনে।"

মানুষের প্রতি যিশুর শেষ আদেশ কি ছিলি?

–মার্ক ১৬:১৫– তিনি তাদের বললেন, " সমগ্র পৃথিবীতে বিচরণ করো এবং সকল সৃষ্টির মধ্যে ভালো সংবাদ প্রচার করো।"

যিশু তার অনুগামীদের সংখ্যা-বর্ধন এবং আধ্যাত্মিক সন্তান লাভের কথা বলছেনে।"

আমি কি প্রকারে উর্বর হবো এবং সংখ্যা-বর্ধন করব ?

–২ টিমোথি ২.২– অনেকে সাক্ষীর উপস্থিতিতে আপনি আমার থেকে যা শুনছেনে টা বিশ্বস্ত মানুষের মধ্যে বিতরণ করুন, যে অন্যদের শিক্ষা দিতেও সমর্থ। (এন এ এস বি)

"যখন আমরা অন্যদের প্রশিক্ষণ দিই, যেমন ভাবে আমরা প্রশিক্ষণ প্রাপ্ত হয়েছিলাম, তখন ঈশ্বর আমাদের জীবনের সংখ্যা বর্ধন করেন। আমরা একে বলি, '২২২ নিয়মাবলী'। টিমোথি বিশ্বস্ত মানুষদের প্রশিক্ষণ দিয়েছেনে, যারা আবার

অন্যদের শিক্ষা বিতরণ করছে। এবং ইতিহাস এর সাক্ষী...এটি আবহমান ধরে চলবে... যতদিন না কেউ আপনার কাছে যিশু সম্পর্কে প্রচার করেন!"

গালিলির সমুদ্র/মৃত সাগর

- এই ছবিটি পরবর্তী পৃষ্ঠাতে আঁকুন, প্রতিটি পদক্ষেপে, যেন আপনি এই সকল উদাহরণ শেখোচ্ছেন। এই ছবিটি সেই সম্পূর্ণ অঙ্কণ।

  ইস্রায়েল দেশে দুটি সমুদ্র আছে। তাদের নাম জানেন কি?

  (গালিলির সমুদ্র এবং মৃত সাগর)

- দুটি গোলাকার আঁকুন, ছোটটি উপরে আঁকুন। তাদের মধ্যে একটি সরল রেখার সাহায্যে সংযোগ স্থাপন করুন।ছোট গোলাকৃতির উপর দিয়ে আরো একটি সরল রেখে উর্ধ-মুখে টানুন। দুটি সমুদ্রকে চিন্হিত করুন।

  একটি নদী গালিলির সমুদ্র এবং মৃত সাগর এর মধ্যে সংযোগ স্থাপন করে। আপনি কি তার নাম জানেন? (জর্ডন নদী)

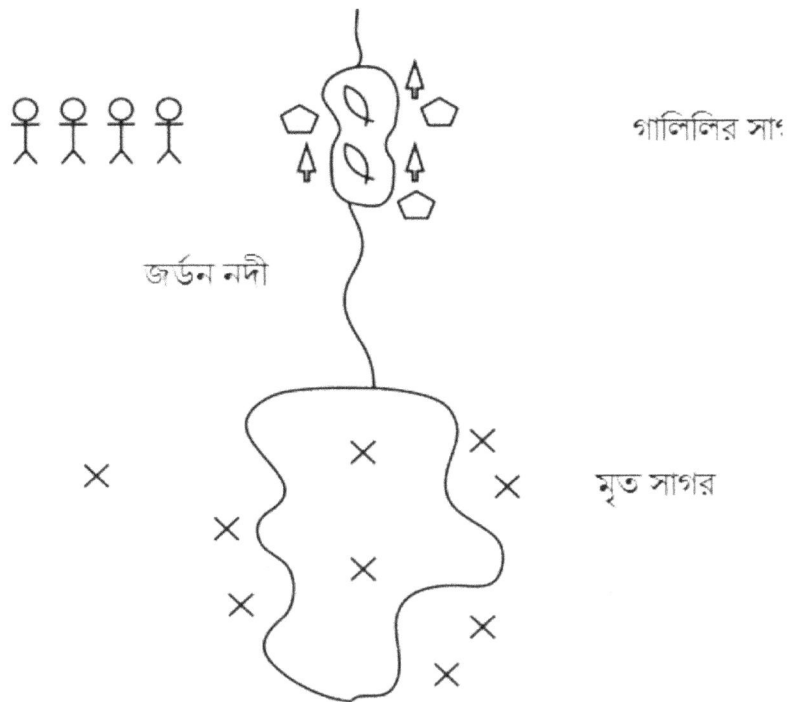

- নদীটি চিহ্নিত করুন।

“গালিলির সমুদ্র এবং মৃত সাগর এর মধ্যে অনেক পার্থক্য আছে। গালিলির সমুদ্রে অনেক মৎস আছে।”

- গালিলির সমুদ্রে মৎস আঁকুন।

“মৃত সাগরে কোনো মৎস নেই।”

- মৃত সাগরে এক্স এস আঁকুন।

“গালিলির সমুদ্রের নিকটে অনেক বৃক্ষ আছে।”

- গালিলির সমুদ্রের চারপাশে বৃক্ষ আঁকুন।

"মৃত সাগররে আসপোশে কোনো বৃক্ষ নইে।"

- মৃত সাগররে চারপাশে এক্স এস আঁকুন।

"গাললিরি সমুদ্ররে আসপোশে আনকে গ্রাম আছে।"

- গাললিরি সমুদ্ররে চারপাশে গৃহ আঁকুন।

"মৃত সাগররে আসপোশে কোনো গ্রাম নইে।"

- মৃত সাগররে চারপাশে এক্স এস আঁকুন।

"চারজন বখি্যাত মানুষ গাললিরি সমুদ্ররে তীরে বসবাস করতনে। আপনি কি তাদরে নাম জাননে?"

(পটিার, এন্ড্রু, জমেস, এবং জন)

- গাললিরি সমুদ্ররে পাসে চারটি লাঠরি ছবি আঁকুন।

"কোনো বখি্যাত মানুষ মৃত সাগররে তীরে থাকনে না।"

- মৃত সাগররে চারপাশে এক্স এস আঁকুন।

আপনি কনে মনে করনে যে মৃত সাগর 'মৃত' এবং গাললিরি সমুদ্র 'জীবন্ত' ?

কারণ গাললিরি সমদ্রে জল আসে এবং বরেয়িে যায়, যখোনে মৃত সাগরে শুধু জল বয়ে চলে।

"এটি আমাদরে আধ্যাত্মকি জীবনরে ছবি। যখন আমরা আশরি্বাদ গ্রহণ করি, তখন আমাদরেও আশরি্বাদ দওেয়া উচতি। যখন আমরা শকি্ষা গ্রহণ করি, তখন আমাদরেও শকি্ষা প্রদান করা উচতি। তাহলে আমরা গাললিরি সমুদ্ররে মত হবো। যদি আমরা সাব প্রাপ্তি নজিরে কাছে রখেে দয়িে, তাহলে আমরা মৃত সাগররে মত হয়ে যাব।"

"কোন সাগররে মত হয়ে ওঠা সহজ- মৃত সাগর অথবা গাললিরি সমুদ্র? অধকিাংশ মানুষ মৃত সাগররে মত কারণ তারা প্রদান করার থকেে বশেি গ্রহণ করে। কনি্তু

যারা যিশুকে অনুসরণ করেন, তারা গালিলির সমুদ্রের মতো। যিশু তার পিতার থেকে যা গ্রহণ করছিলেন, তা অন্যদের প্রদান করছিলেন। আমরা যখন অন্যদের শিক্ষা দিয়ে, তখন আমরা যিশুর উদাহরণ অনুসরণ করি।

"আপনি কোন সাগরের মতো হতে চান? আমি গালিলির সাগরের মতো হয়ে উঠতে চাই।"

স্মৃতিচারণ

–জন ১৫:৮–এই আমার পিতার গরিমা, যে আপনি অনেক ফল বহন করেন, নিজেকে আমার অনুগামী রূপে প্রকাশ করেন।

- প্রত্যেকে উঠে দাড়ান এবং একত্রে ১০ বার স্মৃতিচারণ করুন। প্রথম ছয় বার, শিক্ষাত্রীরা বাইবেল অথবা শিক্ষা-বিবরণী ব্যবহার করেন। শেষে চারবার, তারা স্মৃতি থেকে শ্লোক পাঠ করেন। শিক্ষাত্রীদের প্রতিক্ষেত্রে শ্লোক পাঠ করার আগে শ্লোক-সুত্র বলা উচিত এবং পাঠ শেষে হওয়ার পরে বসা উচিত।

- এই নিয়ম অনুসরণ করলে শিক্ষাত্রীদের বুঝতে সুবিধা হয়, "অধ্যায়" অধিবেশনে গোষ্ঠী কোন পাঠ সম্পূর্ণ করলো।

অভ্যাস

- এই অধিবেশনে শিক্ষাত্রী কে তার সঙ্গীর মুখোমুখি বসার জন্য অনুরোধ করুন। সঙ্গীরা পরস্পরের সাথে শিক্ষা বিনিময় করেন।

  "কনিষ্ঠ মানুষটি এই অধিবেশনের নেতা হবেন।"

- এর সরল অর্থ হলো তারা শিগ্রি শিক্ষাদান করতে পারবে।

- প্রশিক্ষকের প্রশিক্ষণ পদ্ধতি পৃষ্ঠা ২১ অনুসরণ করুন।

- অধ্যায় অধিবেশন এ যেভাবে আপনি শিক্ষা দান করছেন, সেই ভাবে আপনি সব কিছু শেখানোর উপরে জোর দিন।

"প্রশ্ন করুন, ধর্ম-গ্রন্থ একত্রে পাঠ করুন, এবং একই ভাবে উত্তর দনি যভোবে পূর্বে আমি আপনার সাথে পাঠ করছেলিাম।

গালিলিরি সমুদ্র/মৃত সাগর এর উদাহরণ আঁকুন এবং

স্মৃতচিারণ করুন, ঠকি যভোবে আমি আপনার সাথে করছেলিাম।

আপনাদরে প্রত্যকেে প্রতিবার গালিলিরি সমুদ্র/মৃত সাগর

অঙ্কনরে জন্য একটি পরিষ্কার পাতা ব্যবহার করুন।"

- পরস্পর কে শকি্ষাদান এর পরে, শকি্ষাত্রী কে সঙ্গী বদল করার জন্য অনুরোধ করুন এবং এই শকি্ষা পদ্ধতিটিরি পুনরাবৃত্তি করিুন। যখন সমাপ্ত হবে, শকি্ষাত্রী কে কারুর কথা ভাবতে বলুন যার সাথে তনিি শকি্ষা লাভরে পরে তার পাঠ বনিমিয় করবনে। শকি্ষার প্রথম পৃষ্ঠায় উপরে সইে মানুষটরি নাম লখিুন।

সমাপ্তি

যশিুর জন্য উপহার

- সচে্ছাকর্মী রূপে সাহায্য করার জন্য কাউকে অনুরোধ করুন।

- সচে্ছাকর্মীকে ঘররে এক প্রান্তে থাকতে বলুন এবং আপনি নিজি অন্য প্রান্তে থাকুন।

"আমি চাই সকলে কল্পনা করুন যে আমরা (সচে্ছাকর্মী এবং আমি) সমানভাবে আধ্যাত্মকি ক্ষত্রেে বকিাশতি। আমরা দুজনইে।"

প্রশংসা
ঈশ্বররে প্রশংসা করার জন্য হাত তুলুন।

প্রার্থনা করুন
শাস্ত্রীয় প্রার্থনা ভঙ্গতিে হাত রাখুন।

বাইবলে পাঠ করুন
যখন একটি পুস্তক পাঠ করছনে হাতরে তালু উর্ধমুখে রাখুন

যিশুর সম্পর্কে অন্যদের বলুন
হাত বাইরে রাখুন এমন ভাবে, যেন আপনি বীজ ছড়াচ্ছেন।

- এই বিষয়ের উপর গুরুত্ব আরোপ করুন যে, একটি পার্থক্য ছাড়া আপনি অধ্যাত্মিকরূপে সমান।

“আমাদের মধ্যে একমাত্র পার্থক্য হলো যে, তিনি অন্যদের শিক্ষা-প্রদান নিমিত্তে প্রশিক্ষণ দিয়ে খ্রিস্টের মন জয় করেন। আমি শুধু মাত্র মানুষকে শিক্ষা দিয়ে থাকি যা খ্রিস্টের প্রতি আকর্ষণ করে। আমি অন্যদের শিক্ষা-প্রদান নিমিত্তে প্রশিক্ষণ দিই না।

এখন, শিক্ষার ফলে যে পরিবর্তন ঘটে আমি সেটা আপনাদের দেখাতে চাই।”

- ব্যাখ্যা করুন যে প্রতি বছর আপনি এবং সেচ্ছাকর্মী দুজনে খ্রিস্টের জন্য একজন মানুষ এর কাছে পৌছবেন।

- আপনি এবং সেচ্ছাকর্মী দুজনে শ্রোতাদের কাছে যাবেন, একজন মানুষ বেছে নেবেন, আপনার স্থানে নিয়ে আসবেন এবং তাকে আপনার সঙ্গী করবেন।

“আপনি দেখবেন, এক বছর পরে কোনো পার্থক্য ঘটেনি। আমার কাছে এখানে এখন মানুষ আছেন, এবং তার কাছে অন্য একজন মানুষ আছেন।”

- ঘটনাচক্রে, সেচ্ছাকর্মী খ্রিস্টের প্রতি আকর্ষণ করার জন্য অন্যদের প্রশিক্ষণ দেয়। একই হস্ত-মুদ্রা পালন করুন; এইবার, দুজনেই একত্রে সেই হস্ত-মুদ্রা পালন করুন। আপনি নিজের হাতের ভঙ্গিমা করুন।

“দেখুন দ্বিতীয় বছরে কি ঘটে। সে এবং আমি দুজনেই কাউকে খ্রিষ্টের প্রতি আকৃষ্ট করেছি। একটি মাত্র পার্থক্য, সেও মানুষকে প্রশিক্ষণ দেয় একই কারণে। তাই এই বছরে, আমি একজন মানুষকে আমার কাছে পাবো, কিন্তু তারা দুজনেই অন্য গোষ্ঠীতে অন্য মানুষ পাবেন।”

- আপনি এবং সেচ্ছাকর্মী দুজনেই শ্রোতার কাছে যান পরবর্তী অনুগামী পছন্দ করার জন্য। তারপর প্রশিক্ষকের অনুগামিও আরো একজন অনুগামী পান।

“দুবছর পরে আপনি খুব কমই পার্থক্য পাবেন। আমার কাছে দুজন মানুষ আছেন, তার কাছে তিনজন।”

- পুনরায়, সেচ্ছাকর্মী এবং তার সঙ্গী তিনজন মানুষ হস্ত-মুদ্রা অভ্যাস করেন, কিন্তু আপনি আপনার গোষ্ঠীতে একা হস্ত-মুদ্রা অভ্যাস করেন।

- এই পদ্ধতি বিশে 'কিছু বছর' ধরে অভ্যাস করুন যতক্ষণ না সাব মানুষকে এই প্রশিক্ষণের জন্য বেছে নিতে পারছেন। প্রতিবার আপনি একা এই কার্য্য করেন এবং আপনার অনুগামীদের বলুন, তাদের **উচিত** প্রশংসা করা, প্রার্থনা করা, ঈশ্বরের বানী অধ্যয়ন করা, এবং শুভ সংবাদ বিতরণ করা, কিন্তু তাদের এই কাজ করার প্রশিক্ষণ দেবেন না।

- কিছু ক্ষেত্রে, আপনার কাছে যথেষ্ট মানুষ থাকবেন না। এইরকম ক্ষেত্রে, সবাই কে বলুন যে তারা যদি ওপর একজন অনুগামী না পান, তাহলে যেন দুটি হাত তুলে ধরেন এটি প্রমান করার জন্য যে এখন থেকে তারাই দুটি মানুষ।

- পঞ্চম বর্ষের মধ্যে, শিক্ষাত্রীরা আপনার দ্বারা শিক্ষিত মানুষের সংখ্যার তুলনায় সেচ্ছাকর্মীর দ্বারা শিক্ষিত মানুষের সংখ্যা দেখে অভিভূত হবেন। এই বিষয়ের উপর গুরুত্ব আরোপ করুন যে আপনি সত্যি আপনার অনুগামীদের ভালবাসেন এবং আপনি চান তারা সকলে দৃঢ় হয়ে উঠুন, তাই আপনি তাদের অনেকে কিছু সেখান, কিন্তু তাদের কখনই অন্যদের শিক্ষা দেওয়ার শিক্ষা দেন না।

  "আপনি যখন স্বর্গে যাবেন, তখন আপনার কারণে যিশুর ক্রুশ-বিদ্ধ হয়ে মৃত্যুর জন্য আপনি যিশুকে কি উপহার দেবেন? - মাত্র কিছু মানুষ, যেমন আমার কাছে আছে, অথবা তার মতো অনেকে অনুগামী?"

- গৃহের অন্যদিকে সেচ্ছাকর্মীর দিকে নির্দেশ করুন।

  "ঈশ্বর আমাদের উর্বর এবং সংখ্যা-বর্ধনের আদেশ দিয়েছেন। আমি অন্যদের শিক্ষা দিয়ে যিশুর মতো হতে চাই, যারা আরো অন্য মানুষদের শিক্ষা দেবে। আমি যিশুকে অনেকে মানুষ উপহার দিতে চাই, যাদের আমি প্রশিক্ষণ দিয়েছি এবং তারা আরো অন্য মানুষদের শিক্ষা দিয়েছেন। আমি আমার সম্পদ এবং সময়ের গোমস্তা হতে চাই, আমি সততার সাথে সহাবস্থান করতে চাই।"

- নিজের গোষ্ঠিকে অন্য গোষ্ঠী তে যোগদান করার জন্য এবং তাদের শিক্ষা দেওয়ার জন্য অনুরোধ করুন, যাতে সকালেই যেন জয়ী হতে পারেন।

- "যিশুর জন্য একটি উপহার" সংগ্রহ থেকে সেচ্ছাকর্মীকে প্রার্থনা সভায় অধিবেশনটি সমাপ্ত করতে বলুন।

৩

প্রেমে

প্রেমে যিশুকে একজন মেষপালক রূপে উপস্থিতি করে: মেষপালক তার মেষে গুলিকে পালন করে, রক্ষা করে এবং খাদ্য জোগায় | আমরা শিক্ষা-কালে ঈশ্বরের বানীর মাধ্যমে মানুষকে "রসদ" যোগান দিই, কিন্তু ঈশ্বর সম্পর্কে শেখানোর প্রথম পাঠ কি হওয়া উচিত? শিক্ষাত্রী সর্বাপেক্ষা গুরুত্ব-পূর্ণ বিধান আবিষ্কার করেনে, প্রেমেরে উৎস কে সনাক্ত করনে, এবং আবিষ্কার করনে সর্বাপেক্ষা গুরুত্বপূর্ণ বিধানরে উপর ভিত্তি করে কিভাবে উপাসনা করা উচিত |

একটি সরল অনুগামী গোষ্ঠির শিক্ষাত্রীরা চারটি মূল উপাদান অভ্যাস করনে: প্রশংসা (সমস্ত হৃদয় দিয়ে ঈশ্বরকে ভালবাসা), প্রার্থনা (সমস্ত আত্মা দিয়ে ঈশ্বরকে ভালবাসা), বাইবলে অধ্যয়ন (সমস্ত মন দিয়ে ঈশ্বরকে ভালবাসা), এবং একটি দক্ষতা অভ্যাস করা (যাতে আমরা আমাদের যাবতীয় শক্তি দিয়ে ঈশ্বরকে ভালবাসতে পারি) | একটি চূড়ান্ত নাটকি, "মেষে এবং বাঘ", বিশ্বাসীদরে মধ্যে থেকে অনেকে অনুগামীর প্রয়োজনীয়তা তুলে ধরে |

প্রশংসা

- ঈশ্বরের উপস্থিতি এবং আশির্বাদ প্রার্থনা করার জন্যও কোনো ব্যক্তিকে অনুরোধ করুন |

- দুটি ছিন্দ অথবা স্তোত্র একত্রে পাঠ করুন |

প্রার্থনা

- শিক্ষাত্রীদের একজন অপরজনরে সাথে জোড় তৈরি করুন, যারা আগে কখনো কারুর সঙ্গী হয়নি |

- প্রত্যেকে শিক্ষাত্রী তার সঙ্গীর সাথে নিম্নলিখিত প্রশ্নগুলির উত্তর বিনিময় করুন:

  ১. আপনার জানা হৃত মানুষদের জন্য আমরা কিভাবে প্রার্থনা করব, যাদের উদ্ধার করা দরকার ?

  ২. আপনি যে গোষ্ঠীকে শিক্ষা দিচ্ছেন, তার জন্য আমরা কিভাবে প্রার্থনা করব?

- যদি কোনো সঙ্গী কাউকে শিক্ষা দিতে শুরু করেননি, তাদের দ্বারা প্রভাবিত সম্ভাবনাময় মানুষদের জন্য প্রার্থনা করুন , যাকে তারা প্রশিক্ষণ দিতে পারবেন।

- সঙ্গীরা একত্রে প্রার্থনা করুন।

অধ্যয়ন

পুনর্ববিবেচনা

প্রতিটি পুনর্ববিবেচনা অধিবেশেন সমান। শিক্ষাত্রীদের উঠে দাড়িয়ে পূর্ববর্তী অধ্যায় আবৃত্তি করতে অনুরোধ করুন। লক্ষ্য রাখুন তারা যেন হাতের মুদ্রাও প্রদর্শন করেন।

আটটি ছবি কি, যা আমাদের যিশুকে অনুসরণ করতে সাহায্য করে?

সৈনিক, সন্ধানী, মেষপালক, বপক, পুত্র, ভৃত্য, গোমস্তা

সংখ্যাবর্ধন

একজন গোমস্তা কোন তিনটি কার্য্য করেন?

মানুষের প্রতি ঈশ্বরের প্রথম আদেশ কি?

মানুষের প্রতি ঈশ্বরের সর্বশেষ নির্দেশ কি?

আমি কিভাবে উর্বর এবং সংখ্যা-বর্ধক হয়ে উঠব?

ইসরায়লেরে অবস্থতি দুটি সমুদ্ররে নাম কি?

তারা এত কনে পৃথক?

আপনি কোনটরি মত‌ো হতে চান?

যশিুর মত‌ো হওয়ার অর্থ কি?

–মার্ক ৬:৩৪–যখন যশিু তীরে গলেনে, তনি একটি ভীড় দখেলনে, এবং তনি তাদরে জন্য সমবদেনা অবুভব করলনে কারণ তারা যনে মষে-পালক বহিীন মষে এর মত‌ো; এবং তনি তাদরে প্রভূত শকি্ষাদান শুরু করলনে। (এন এ এস বি)

"যশিু ভাল‌ো মষে-পালক। তনি জনতাকে ভালবাসতনে, তাদরে সমস্যা প্রত্যক্ষ করতনে, এবং শকি্ষার মাধ্যমে ঈশ্বররে পথ দখোতনে। তনি আমাদরে মধ্যইে বাস করনে এবং আমাদরে জীবনরে মাধ্যমে একই কাজ করনে।"

মষে-পালক
হাত টি নজিরে শরীররে দকিে চালনা করুন যনে আপনি অনকে মানুষ কে জড়‌ো করছনে।

মষেপালকরে তনিটি কার্য্য কি?

–সামসঙ্গীত ২৩:১-৬–প্রভু আমার পালক, আমার চাহদিা নইে। তনি আমাকে সবুজ ঘাসে শায়তি রাখনে; আমাকে নস্তিরঙ্গ জলরে কাছে নয়িে যান। তনি আমার প্রাণ রক্ষা করনে; তার নামরে মহমিা দ্বারা তনি আমাকে ধর্মরে পথে চালনা করনে। এমনকি আমি মৃত্যুর কাল‌ো-ছায়া ঘরো উপত্যকাতে বচিরণ করলওে আমি ক‌োন‌ো ভয় অনুভব করি না, কারণ তনি আমার সাথে আছনে; ত‌োমার যষ্ঠী এবং ত‌োমার দ্রব্য আমাকে শান্তি দয়িে। তুমি আমার শত্রুদরে সামনইে আমার জন্য খাদ্য সাজাও; আমার মাথায় তলেমর্দন কর‌ো; আমার পয়োলা পূর্ণ হয়ে যায়। উদারতা এবং কৃপা আমার জীবনরে সব দনিগুলি তে সঙ্গী হয়ে থাকবে, এবং আমি চরিদনিরে মত আমার প্রভুর গৃহে ফরিে যাব। (এন এ এস বি)

১. মষেপালক তাদরে মষে কে সঠকি পথ দখোয়।

২. মষেপালক তাদরে মষেকে রক্ষা কর।

৩. মষেপালক তাদরে মষেকে খাদ্য যোগান দয়ে।

"যশিু এখন মষেপালক, এবং যহেতেু আমরা তাকে অনুসরণ কর,ি আমরাও মষেপালক হব। আমরা মানুষকে যশিুর পথে নয়িে যাব, মন্দ থকেে মানুষকে রক্ষা করব, এবং ঈশ্বররে বাণী দ্বারা তাদরে রসদ যোগান দবে।"

প্রশকি্ষণ দওেয়ার গুরুত্বপূর্ণ নর্দিশে ক?ি

–মার্ক ১২:২৮-৩১–আইনরে একজন শকি্ষক এলনে এবং তাদরে তর্ক করতে শুনলনে। লক্ষ্য করলনে যে যশিু তাদরে একটি ভালো উত্তর দলিনে, তবুও তাঁকে জজ্ঞিাসা করলনে, "সব আদশোবলরি মধ্যে কোনটি সর্বাপক্ষো গুরুত্বপূর্ণ?"'সর্বাপক্ষো গুরুত্বপূর্ণ এটি' যশিু উত্তর দলিনে,'শোনো, ও ইস্রায়লে, প্রভু আমাদরে ঈশ্বর,প্রভু সর্বশষ্রেঠ। নজিরে প্রভু নজিরে ঈশ্বরকে তোমার সকল হৃদয়, আত্মা, মন এবং শক্তি দয়িে ভালোবাসো।' এটি দ্বতিীয়: 'নজিরে প্রতবিশেকিে নজিরে মতো করে ভালোবাসো।' এর থকেে মহান নর্দিশে আর কথাও নইে।"

ঈশ্বরকে ভালবাসুন

উর্ধমুখে ঈশ্বররে দকিে হাত তুলে রাখুন।

মানুষকে ভালবাসুন

অন্যদরে দকিে ছড়য়িে হাত রাখুন।

প্রমেরে উৎস ক?ি

–১ জন ৪:৭,৮– প্রয়ি বন্ধুগণ, পরস্পরকে ভালবাসুন, কারণ প্রমেরে উৎস ঈশ্বর, এবং যারা ভালবাসনে তারা ঈশ্বররে পুত্র এবং ঈশ্বরকে জাননে। যে ভালবাসে না সে ঈশ্বরকওে জানে না, কারণ ঈশ্বরই প্রমে। (এইচ সি এস ব)ি

ভালবাসার উৎস ঈশ্বর

"অতঃপর... আমরা ঈশ্বররে থকেে প্রমে গ্রহণ কর,ি এবং তাঁকে প্রমে ফরিয়িে দই।ি"

উর্ধমুখে হাত রাখুন, যনে আপনি ঈশ্বররে থকেে প্রমে গ্রহণ করছনে এবং তারপর তাঁকে সটো ফরিয়িে দচ্ছিনে।

"আমরা ঈশ্বররে থকেে প্রমে গ্রহণ করি এবং অন্য মানুষদরে প্রদান কর।ি"

- উরধ্মুখে হাত তুলে রাখুন যনে আপনি ঈশ্বররে থকেে প্রমে গ্রহণ করছনে, তারপর হাত বাইররে দকিে ছড়য়িে দনি, যনে আপনি অন্যদরে প্রমে বতিরণ করছনে।

সহজ উপাসনা কি?

- প্রশংসা
  ঈশ্বররে প্রশংসা করার জন্য হাত তুলুন।

- প্রার্থনা
  পুরাতন "প্রার্থনা মুদ্রা" ভঙ্গতিে হাত রাখুন।

- অধ্যয়ন
  হাতরে তালু উরধ্মুখে রাখুন যনে আপনি একটি পুস্তক পাঠ করছনে।

- অভ্যাস
  হাত টকিে সামনে পছিনে নয়িে যান, যনে আপনি বীজ নক্ষিপেন করছনে।

আমরা সহজ উপাসনা কনে করি?

মার্ক ১২: ৩০–তােমার প্রভু ঈশ্বর কে তুমি সমস্ত হৃদয় ও আত্মা ও মন এবং সকল শক্তি দয়িে ভালােবাসাে।

- শক্ষিাত্রীদরে সাথে সহজ উপাসনার রূপরখো পুনর্ববিচেনা করুন। সহজ উপাসনা মার্ক ১২:৩০ এ উল্লখিতি সর্বাপকে্ষা সুরুত্ব-পূর্ণ নর্দিশে পালন করতে প্রশক্ষিণ দয়ে।

- এই পাঠ সহজ উপাসনার উদ্দশে ব্যাখ্যা করে। শক্ষিাত্রীদরে সাথে হস্ত-মুদ্রা কয়কেবার অভ্যাস করুন।

"আমরা ঈশ্বরকে আমাদরে সকল হৃদয় দয়িে ভালােবাসি, তাই আমরা তাঁর প্রশংসা করি; আমরা ঈশ্বরকে আমাদরে সমস্ত আত্মা দয়িে ভালােবাসি, তাই আমরা প্রার্থনা করি; আমাদরে সমস্ত মন দয়িে আমরা ঈশ্বরকে ভালােবাসি, তাই আমরা অধ্যয়ন করি; আমরা আমাদরে সর্ব-শক্তি দয়িে ঈশ্বরকে ভালােবাসি, তাই আমরা অভ্যাস করি।"

আমরা......	তাই আমরা...	হস্ত-মুদ্রা
ঈশ্বরকে আমাদের সকল হৃদয় দিয়ে ভালোবাসি	প্রশংসা করি	হৃদয়ের উপর হাত রাখুন এবং তারপর ঈশ্বরের প্রশংসা করার নিমিত্তে হাত উপরে করুন।
ঈশ্বরকে আমাদের সমস্ত আত্মা দিয়ে ভালোবাসি	প্রার্থনা করি	পাশে হাত রাখুন এবং তারপর শাস্ত্রীয় প্রার্থনা ভঙ্গিতে হাত রাখুন।
সমস্ত মন দিয়ে আমরা ঈশ্বরকে ভালোবাসি	অধ্যয়ন করি	হাত মাথার ডানদিকে এমন ভাবে রাখুন, যেন ভাবছেন, এবং তারপর হাতের তালু উর্ধমুখে রাখুন, যেন একটি বই পড়ছেন।
সর্ব-শক্তি দিয়ে ঈশ্বরকে ভালোবাসি	যা শিখেছি, টা প্রচার করি (অভ্যাস করি)	বাহু উপরে তুলুন এবং মাংসপেশী সহজ করুন, এরপর হাত বাইরে করুন বীজ ছড়ানোর মতো করে।

কতজন মানুষ সহজ উপাসনায় অংশ-গ্রহণ করবেন?

> –ম্যাথিউ ১৮:২০– যেখানে আমার নামে দুই-তিনজন একত্রিত হয়, সেখানে আমি তাদের সাথে আছি।

"যিশু কথা দিয়েছেন যে যেখানে দুই অথবা তিনদিন বিশ্বাসী একত্রিত হবেন, তিনি সেখানে তাদের সঙ্গে থাকবেন।

স্মৃতচিারণ

–জন ১৩:৩৪, ৩৫– সুতরাং আমি এখন তোমাকে একটি নতুন নির্দেশে দিচ্ছি: পরস্পরকে ভালোবাসো। যেভাবে আমি তোমাকে ভালোবেসেছি, তোমার ও সেভাবে পরস্পরকে ভালবাসা উচিত। তোমাদের পরস্পরের প্রতি প্রেমে বিশ্বের কাছে এটাই প্রমান করবে যে তোমরা আমার শিষ্য। (এন এল টি)

- প্রত্যেকে উঠে দাড়ান এবং একত্রে ১০ বার স্মৃতচিারণ করুন। প্রথম ছয় বার, শিক্ষাত্রীরা বাইবেলে অথবা শিক্ষা-বিবরণী ব্যবহার করেন। শেষে চারবার, তারা স্মৃতি থেকে স্লোক পাঠ করেন। শিক্ষাত্রীদের প্রতিক্ষেত্রে স্লোক পাঠ করার আগে স্লোক-সুত্র বলা উচিত এবং পাঠ শেষে হওয়ার পরে বসা উচিত।

- এই নিয়ম অনুসরণ করলে শিক্ষাত্রীদের বুঝতে সুবিধা হয়, "অভ্যাস" অধিবেশনে গোষ্ঠী কোন পাঠ সম্পূর্ণ করলো।

অভ্যাস

- এই অধিবেশনে শিক্ষাত্রী কে তার সঙ্গীর মুখোমুখি বসার জন্য অনুরোধ করুন। সঙ্গীরা পরস্পরের সাথে শিক্ষা বিনিময় করেন।

 "প্রবীন মানুষটি এই অধিবেশনের নেতা হবেন।"

- প্রশিক্ষকের প্রশিক্ষণ পদ্ধতি পৃষ্ঠা ২১ অনুসরণ করুন।

- **অধ্যায়** অধিবেশন এ যেভাবে আপনি শিক্ষা দান করছেনে, সেই ভাবে আপনি সাব কিছু শেখানোর উপরে জোর দিন।

 "প্রশ্ন করুন, ধর্ম-গ্রন্থ একত্রে পাঠ করুন, এবং একই ভাবে উত্তর দিন যেভাবে পূর্বে আমি আপনার সাথে পাঠ করছেলিাম।"

- পরস্পর কে শিক্ষাদান এর পরে, শিক্ষাত্রী কে সঙ্গী বদল করার জন্য অনুরোধ করুন এবং এই শিক্ষা পদ্ধতি টির পুনরাবৃত্তি করুন। শিক্ষাত্রী কে কারুর কথা ভাবতে বলুন যার সাথে তিনি প্রশিক্ষণ সভার বাইরে পাঠ বিনিময় করবেন।

"কিছু সময় নিয়ে ভাবুন কাকে আপনি প্রশিক্ষণ সভার বাইরে এই পাঠ শিক্ষা দিতে পারবেন। পাঠের প্রথম পৃষ্ঠায় উপরে সেই মানুষটির নাম লিখুন।"

সমাপ্তি

সহজ উপাসনা

- শিক্ষাত্রীদের চারজন করে এক একটি গোষ্ঠী তে ভাগ করুন। প্রতি চারজনের গোষ্ঠীকে এক মিনিট সময় দিন তাদের গোষ্ঠীর জন্য একটি নাম নির্বাচন করতে।

- কক্ষ প্রদক্ষিন করুন এবং গোষ্ঠীকে তেরে পছন্দ করা নাম বলতে

- বলুন। শিক্ষাত্রীদের সাথে সহজ উপাসনার প্রতিটি বিভাগ পুনর্ববিবেচনা করুন, তাদের বলুন একত্রে সহজ উপাসনা অভ্যাস করতে।

- সহজ উপাসনা গোষ্ঠীতে উপাসনা-সময় প্রত্যেকে মানুষের পৃথক অংশে নেতৃত্ব করা উচিত। উদাহরণ, একজন মানুষ প্রশংসা সময়, ওপর জন প্রার্থনা সময়, অন্য জন অধ্যয়ন সময় এবং আরো একজন ব্যক্তি অভ্যাস সময় নেতৃত্ব দেবেন।

- গোষ্ঠীকে বলুন উপাসনার সময় মৃদু স্বরে নেতৃত্ব দিতে কারণ আসপোশে আরো গোষ্ঠী আছে। মনে রাখবেন শিক্ষাত্রীরা "ধর্মপ্রচার" করবেন না, পরিবর্তে বাইবলেরে কাহিনী "বলবেন"। অধ্যয়ন নেতাকে তার গোষ্ঠীকে ঈশ্বরের প্রেমে সম্পর্কিত একটি কাহিনী বলতে অনুরোধ করুন। যদি শিক্ষাত্রীরা বইবেন কাহিনী নির্বাচন করতে না পারেন, তাদের অপচয়ী পুত্রের কাহিনী বলতে বলুন। অধ্যয়ন নেতা এরপর তিনটি অধ্যায়-প্রশ্ন করবেন:

১. কাহিনীটি ঈশ্বর সম্পর্কে কি বলছে?

২. মানুষ সম্পর্কে এই কাহিনীটি কি বলে?

৩. কিভাবে এই কাহিনীটি আমাকে যিশুকে অনুসরণ করতে সাহায্য করবে?

- অভ্যাস নতো পুনরায় বাইবলে-কাহনিীটি বিলনে যটেি অধ্যয়ন নতো বলছেনে এবং সইে একই প্রশ্ন করনে, যা অধ্যয়ন নতো করছেনে, এবং গ োষ্ঠি প্রিতটিপ্রিশ্ন পুনরায় আল োচনা করে।

আপনার একটি অনুশষি্য গ োষ্ঠী গঠন করা আবশ্যক কনে?

মষে এবং বাঘ

- ব্যাখ্যা করুন যে কক্ষটি একটি মষে খামার। একজন সচে্ছাকর্মীকে মষেগুলরি রক্ষী হতে বলুন (মষেপালক)। তনিজন সচে্ছাকর্মকিে বাঘ হতে বলুন। বাকি সকলইে মষে এর ভূমকিা পালন করবে।

  "খলোটরি উদ্দশে্য হল ো, বাঘ যতবশেী সংখ্যক সম্ভব মষে কে আহত করুক। যদি একজন রক্ষী বাঘকে স্পর্শ করনে, তাহলে বাঘটি অবশ্যই অবনত হবে এবং "মৃত" তে পরনিত হবে। যদি বাঘ মষে কে স্পর্শ করে, তাহলে মষে টি অবনত হবে এবং "আহত" হবে। রক্ষী আহত হতে পারনে, যদি একই সাথে দুটি বাঘ তাকে স্পর্শ করে। যদি একজন সঙ্গী "আহত" অথবা "মৃত" হয়, সে খলোর বাইরে থাকবে, যতক্ষণ না খলোটি সমাপ্ত হচ্ছে।"

- গ োষ্ঠকিে বলুন শুরু করার আগে বই, কলম, এবং অন্যান্য সম্ভাব্য বপিজ্জনক বস্তু মঝেে থকেে সরয়িে নইে।"কউে কউে খলোটরি সময় চতি্কার করতে পারনে আর সটো ঠকি আছে।"

- তনি অবধি গিুনুন এবং বলুন, "যাও !" খলোটি চিলতে দনি যতক্ষণ না বাঘরা মৃত হচ্ছে অথবা সাব মষে আহত হচ্ছে। যদি সব মষে আহত নাও হয়, অধকিাংশ মষে আহত হলইে হবে। রক্ষীও আহত হতে পারনে।

- গ োষ্ঠকিে বলুন যে আপনি খিলোটি আবার খলেতে যাচ্ছনে। এই বার; আর ো পাঁচ জন অতরিকি্ত রক্ষী নরি্বাচন করুন এবং বাঘরে সংখ্যা আগরে মত তনিটইি রাখুন। বাকি সিকলে মষে। রক্ষা পাওয়ার জন্য মষে গুলকিে ছ োট ছ োট দলে বভিাজতি হয়ে একজন রক্ষীর কাছাকাছি থাকতে উত্সাহতি করুন। তনি গুনুন এবং বলুন "যাও" !

- খলোটি চিলতে দনি যতক্ষণ না সব বাঘ মৃত হয় অথবা সব মষে আহত হয়। সমস্ত বাঘ এর শীঘ্র মৃত্যু হওয়া উচতি। কছিু অল্প মষে আহত হতে পারে।

“আমাদের কেন অনেক গোষ্ঠী এবং গির্জা প্রয়োজন, এটা তারই ছবি। প্রথম খেলোটি একজন যাজকের মতো, যিনি নিজের গির্জাকে রক্ষা করতে চান এবং তাকে বৃহত থেকে বৃহত্তর করে গড়ে তুলতে চান। এই ক্ষেত্রে এসে শয়তানের পক্ষে বহু সদস্যকে আহত করা সহজ। দ্বিতীয় খেলোয়, বহু আধ্যাত্মিক নেতা ছোট ছোট গোষ্ঠীকে রক্ষা করতে সক্ষম ছিল। সেই কারণে, শয়তান এবং তার সঙ্গীরা (বাঘ গুলি) মেষ গুলিকে অত সহজে আহত করতে পারেনি।”

“যিশু একজন ভালো মেষ পালক। তিনি তার জীবন মেষ এর জন্য উত্সর্গ করেছেন। আমাদের, অন্তর থেকে মেষ পালক রূপে, খুশি মনে আমাদের “জীবন”- আমাদের সময়, আমাদের প্রার্থনা, আমাদের লক্ষ্য- তাদের দেওয়া উচিত, যারা আমাদের মেষ, যারা যিশুর সম্পর্কে জানার জন্য আমাদের মুখাপেক্ষী। আমরা বহু মানুষের জন্য শুধু একটি সময় উপস্থিত থাকতে পারি, তাই না? একমাত্র যিশু সর্বত্র বিরাজমান। এটি পৃথক বিষয় যে আমাদের প্রশিক্ষণ দেওয়া উচিত যাতে অন্যরাও প্রশিক্ষণ দিতে পারে, যাতে আরো পরস্পরের বোঝা বহন করার মানুষের সংখ্যা বর্ধিত হয় এবং এই ভাবে খ্রিস্টের নিয়ম পালন সম্পূর্ণ হবে।”

৪

প্রার্থনা

প্রার্থনা শিক্ষার্থীদের যীশুর সঙ্গে পরমেশ্বের হিসাবে পরিচয় করায়| তিনি পবিত্র জীবন যাপন করতেনে এবং আমাদের জন্য ক্রুশের উপর মৃত্যুবরণ করছেনে| ঈশ্বর আমাদের সিদ্ধিপুরুষ হত্তয়ার আদেশে দনে, যহেতেু আমরা যীশুকে অনুসরণ করি| একজন সিদ্ধিপুরুষ ঈশ্বররে উপাসনা করনে, পবিত্র জীবন যাপন করনে এবং অন্যদেরে জন্য প্রার্থনা করনে | প্রার্থনায় যিশুর উদাহরণ অনুসরণ করে, আমরা ঈশ্বররে প্রশংসা করি, আমাদের পাপরে জন্য অনুতাপ করি, আমাদের আবশ্যক জিনিষিরে জন্য ঈশ্বরকে অনুরোধ করি এবং কি তিনি আমাদের যা আদেশে দনে, তা পালন করি|

ঈশ্বর আমাদের প্রার্থণার উত্তর দনে চার পদ্ধতিগুলোর মধ্যে কোনো একটির মাধ্যমে : না (যদি আমরা ভুল উদ্দেশ্যেরে সঙ্গে জিজ্ঞাসা করি), আস্তে (যদি সিঠকি সময় না হয়), বিকশিতি হও (যদি তাঁর উত্তর দতেত্তয়ার আগে আমাদের আরো পরিনিত হয়ে ওঠা দরকার) বা গমন (যখন আমরা তাঁর বানী ও ইচ্ছা অনুযায়ী প্রার্থনা করি)| শিক্ষার্থী ঈশ্বররে দূরভাষ নম্বর মনে রাখে, ৩৩:৩, এবং তাদের উত্সাহ দওেয়া হয় ঈশ্বর প্রতিদিনি "আহ্বান" করতে|

প্রশংসা

- কাউকে ঈশ্বররে উপস্থিতি এবং আশীর্বাদ জন্য প্রার্থনা করতে বলুন|
- একত্রে দুটি কোরাস্ বা স্তবগান করুন|

প্রার্থনা

- শকি্ষার্থীদরে মধ্যে সঙ্গী নর্িবাচন করে বভিন্নি জোড় তরৈি করে বভিক্ত করুন, যে পূর্বে সঙ্গী হয়নি|

- সঙ্গীরা পরস্পররে কাছে দুটি প্রশ্নরে উত্তর বনিমিয় করবনে.:

    ১. আমাদরে জানা পছিয়িে পরা মানুষদরে উদ্ধার করার জন্য আমরা কভিাবে প্রার্থনা করতে পারি?

    ২. যে গোষ্ঠীকে আপনি প্রশকি্ষন দচি্ছনে তার জন্য আমরা কভিাবে প্রার্থনা করতে পারি?

- যদি কোনো সঙ্গী কাউকে শকি্ষা দতিে শুরু করনেনি, তাদরে দ্বারা প্রভাবতি সম্ভাবনাময় মানুষদরে জন্য প্রার্থনা করুন , যাকে তারা প্রশকি্ষণ দতিে পারবনে|

- সঙ্গীরা একত্রে প্রার্থনা করুন|

অধ্যয়ন

দূরভাষ খলো

"আপনি কি কখনো দূরভাষ খলো খলেছেনে?"

- ব্যাখ্যা করুন যে আপনার পাশরে ব্যক্তকিে কয়কেটি শব্দ বলতে হবে এবং তারপর তনিি তার পরবর্তী ব্যক্তকিে জানাবনে| প্রতটিি ব্যক্তি তাদরে প্রতবিশেীকে ফসি্ ফসি্ করে বলবে তারা যা শুনছেনে, যতক্ষণ না এটি বৃত্তরে সকলরে কাছে যায়|

- শষে ব্যক্তি বাক্যাংশটি যা শুনছেনে,সটেরি পুনরাবৃত্তি করনে| আপনি বাক্যাংশটি বলবনে কারণ আপনি প্রথমে বলছেলিনে, এবং সবাই তুলনা করে দখেবনে, তারা

কতটা সঠকি বাক্যাংশ ব্যবহার করছেনে। এমন একটি শিব্দ চয়ন করুন যটো অর্থহীন এবং যার বভিন্নি অংশ আছে। খলোটি দুইবার খলেুন।

“আমরা প্রায়ই ঈশ্বর সম্পর্কে অনকে কছিু শুনি কন্তিু আমরা সব সময়ই সরাসরি কথা বলতে পারি না। আমাদরে খলোয়, যদি আপনি আমাকে জজ্ঞিসে করনে আমি কি বলছেলিাম, সটো বোঝা কঠনি হবে না। যখন আপনি বাক্যাংশটি শুনবনে, বভিন্নি মানুষরে কাছ থকেে শব্দটা ঘুরে আসার পরে, দখেবনে এতে সহজে ভুল হয়। আমাদরে আধ্যাত্মকি জীবনে প্রার্থনা অত্যন্ত গুরুত্বপূর্ণ, কারণ এটি ঈশ্বররে সাথে **‘সরাসরি’** কথোপকথন।

পর্যালোচনা

প্রতটিি পর্যালোচনা অধবিশেন সমান। শক্ষিাত্রীদরে উঠে দাড়য়িে পূর্ববর্তী অধ্যায় আবৃত্তি করতে অনুরোধ করুন। লক্ষ্য রাখুন তারা যনে হাতরে মুদ্রাও প্রদর্শন করনে।

আটটি ছবি কি, যা আমাদরে যশিুকে অনুসরণ করতে সাহায্য করে?

সনৈকি, সন্ধানী, মষেপালক, বপক, পুত্র, ভৃত্য, গোমস্তা

সংখ্যাবর্ধন

একজন গোমস্তা কোন তনিটি কার্য্য করনে?

মানুষরে প্রতি ঈশ্বররে প্রথম আদশে কি?

মানুষরে প্রতি ঈশ্বররে সর্বশষে নর্দিশে কি?

আমি কিভাবে উর্বর এবং সংখ্যা-বর্ধক হয়ে উঠব?

ইসরায়লেরে অবস্থতি দুটি সমুদ্ররে নাম কি?

তারা এত কনে পৃথক?

আপনি কোনটরি মতো হতে চান?

প্রমে

কোন তনিটি কার্য্য একজন মষেপালক করনে?

অন্যদরে শখোনোর জন্য সর্বাপকে্ষা গুরুত্বপূর্ণ আদশে কি?

প্রমেরে উৎস কি?

সহজ উপাসনা কি?

আমরা কনে সহজ উপাসনা করব?

যশিুর মতো হওয়ার অর্থ কি?

– লডিক ৪:৩৩-৩৫ - ইহুদি ধর্মমণ্ডলী বা ধর্মস্থানে একজন দানব-কবলতি মানুষ ছলি. একজন অপদবেতার আত্মা। সে তার উচ্চকণ্ঠস্বরে চেঁচিয়ে বলল, «হা! আমাদরে সাথে আপনি কি চান, নাজারথে-এর যশিু? আপনি কি আমাদরে ধ্বংস করতে এসছেনে? আমি জানি যে আপনি কে – ঈশ্বররে পরমশে্বর!»»» চুপ করো! «যীশু কঠোর হয়ে বলনে. «তার থকেে বাইরে এসো!» তারপর দানবটি তাদরে সামনে মানুষ টি ছুড়ে ফলেে দলি এবং তাকে আহত না করে বরেয়িে এল।

"যীশু ঈশ্বররে পরমশে্বর। তনিি একমাত্র যার আমরা উপাসনা করি। তনিি আমাদরে জন্য ঈশ্বররে সংিহাসন আগে অনুরোধ করনে। তনিি আমাদরে অন্যদরে তরফে মধ্যস্থতা করার জন্য এবং তাঁর সাথে সংযুক্ত একটি পবত্রি জীবন বেঁচে থাকার জন্য আহ্বান জানান। যীশুই পরমশে্বর। আমরা সন্ত। "

সন্ত

প্রাচীন "হস্ত প্রার্থনা" ভঙ্গিতে হাত রাখুন

কোন তনিটি কার্য্য একজন সন্ত করনে?

– ম্যাথডি ২১:১২-১৬ -যীশু মন্দরি এলাকায় প্রবশে করলনে এবং যারা ক্রয় এবং বকি্রয় করছলি সকল বাইরে বার করে দলিনে। তনিি অর্থ পরবির্তক দরে টবেলি এবং ঘুঘু বকি্রতোর বঞ্চেগুলি উল্টে দনে।»এটি লখিতি,» তনিি তাদরে বললনে, «আমার গৃহকে প্রার্থনা গৃহ বলা হয়,› কন্তিু তোমরা এটকিে ' ডাকাতরে গুহা' বানয়িে দয়িছেো।' " অন্ধজন এবং খোঁড়া তাঁর কাছে মন্দরিে এলো এবং তনিি তাদরে

নরিাময় করলনে| কনি্তু যখন প্রধান ধর্মপ্রচারক এবং আইনরে শকি্ষকগণ তাঁর এই অলৌকিকি কীর্তি দিখেলনে এবং শশিুরা মন্দরি প্রাঙ্গনে পরতি্রাহি চতি্কার করে বলতে থাকলো, " ডভেডিরে পুত্র কে বন্দনা জানায়|" তারা রুষ্ট হলনে| " তারা তাঁকে জজি্ঞাসা করলনে, "আপনি কি শুনতে পাচ্ছনে, এই শশিুরা কি বলছ?" "হ্যাঁ", যশিু উত্তর দলিনে, "তোমরা কি কখনো পড়নি, "শশিু এবং অবধৈদরে মুখে ঈশ্বররে প্রশংসা শোনা যায় ?"

১. সন্ত ঈশ্বররে উপাসনা করে|

"শশিুরা মন্দরিে যভোবে প্রশংসা করছলি, আমাদরেও সভোবে ঈশ্বররে প্রশংসা করা উচতি|»

২. সন্তরা একটি পবতি্র জীবন বসবাস করনে|

"যীশু তার পতিার গৃহ লোভ দ্বারা দূষতি হতে দতিে পারনে না»

৩. সন্তরা অন্যদরে জন্য প্রার্থনা করনে|

"যীশু বলনে ঈশ্বররে গৃহ প্রার্থনা গৃহ|"

"যীশু পরমশ্বের এবং আমাদরে মধ্যইে বসবাস করনে| আমরা তাঁকে অনুসরণ করলে আমরা ও তাঁর সন্তদরে মত শুদ্ধ হয়ে উঠব| আমরা উপাসনা করব, একটি পবতি্র জীবন বসবাস করব, এবং যীশুর মত অন্যদরে জন্য প্রার্থনা করব| «

আমরা কভিাবে প্রার্থনা করব?

– লউিক ১০:২১ - সইে সময়ে তনি পিবতি্র আত্মায় অতশিয় আনন্দ লাভ করছলিনে, এবং বললনে , "আমি আপনার প্রশংসা কর,ি হে পতিা, স্বর্র্গ মর্ত্যরে প্রভু ,কারণ আপনি এইসব জ্ঞানী এবং বুদ্ধমিান মানুষদরে থকেে আড়াল করে রখেছেনে এবং শশিুদরে কাছে প্রকাশ করছেনে| হ্যাঁ, পতিা ভাল, এই পথ আপনার দৃষ্টতিে আনন্দদায়ক ছলি.»(এন এ এস ব)ি

প্রশংসা

"যীশু প্রার্থনা করতে করতে, আনন্দতি হয়ে ঈশ্বররে কাছে এলনে এবং বশি্বরে জন্য তাঁর কর্মরে কারণে তাঁকে ধন্যবাদ দলিনে|."

প্রশংসা

হাত উপাসনার জন্য উত্থাপন করুন।

–লূকি ১৮:১০-১৪– ধার্মকি ইহুদি উঠে দাড়ালনে এবং প্রার্থনা করলনে, "ঈশ্বর, আমি তোমাকে ধন্যবাদ জানায়, যে আমি অন্যদরে মত লোভি নই, অসত নই, ববিাহ সম্পর্কে অবশ্বিস্ত নই। এবং আমি সাতটি আনন্দতি যে আমি ওই কর আদায়কারীর মত নই। আমি সপ্তাহে দুই দনি খাদ্য গ্রহণ করি না, এবং আমার উপার্জনরে এক দশাংশ তোমাকে প্রদান করি।" কর আদায়কারী একটু দুরত্ব রখেে দাড়ালনে এবং নজিকেে স্বর্গ রাজ্যরে দকিে চোখ তুলে তাকানোর যোগ্য বলে মনে করলনে না। তনি এিত কন্ঠতি ছলিনে যে তার কৃত কর্মরে জন্য বুক চাপড়াতে থাকলনে এবং প্রার্থনা করতে থাকলনে, "ঈশ্বর, আমার উপরে দয়া করুন! আমি একজন বড় পাপী।" যশিু বললনে, "যখন ওই দুজন মানুষ বাড়ি ফরিে গলেনে, দখো গলে ঈশ্বরকে তুষ্ট করছেনে ওই কর আদায়কারী, ধার্মকি ইহুদি নয়। আপনি যদি নজিকেে সকলরে থকেে আলাদা করে ভাবনে, আপনি অবদমতি হবনে। কন্তিু আপনি যদি বনিম্র হন, আপনি পুরস্কৃত হবনে। " (সিইিভি)

অনুতাপ

"এই গল্পতে, যীশু দুজন বপিরীত মানুষরে কথা বলছেনে, যারা প্রার্থনা করছলিনে। যখন ধার্মকি ইহুদি প্রার্থণা করছলিনে , তনিি গর্বতি ছলিনে এবং নজিকেে 'পাপীদরে' উপরে ববিচেনা করছলিনে'। যখন কর আদায়কারী প্রার্থণা করছলিনে, তনিি ঈশ্বর কাছে নজিকেে বনিম্র করলনে এবং তার পাপরে কথা স্বীকার করলনে। যীশু বললনে, কর আদায়কারী তার প্রার্থনা দ্বারা ঈশ্বরকে সন্তুষ্ট করছেনে।

"অনুতাপ মানে আমাদরে পাপ স্বীকার করা এবং পুনরায় এটি করা থকেে পরাঙ্মুখ হওয়া। যারা অনুতাপ করনে তাদরে ক্ষমা পান এবং ঈশ্বরকে সন্তুষ্ট করনে।"

অনুতাপ

করতল মুখ আড়াল করে বাইররে দকিে এবং মাথা দূরে রাখুন।

– লূকি ১১:৯ - তাই আমি আপনাকে বলি, প্রশ্ন করতে থাকুন, এবং এটি আপনাকে দওেয়া হবে। অনুসন্ধান করতে থাকুন, এবং আপনি খুঁজে পাবনে। ধাক্কা দতিে থাকুন, এবং আপনার জন্য দরজা খুলে যাবে।(এইচ সিএিস বি)

প্রশ্ন করুন

“প্রশংসা এবং অনুতাপরে সঙ্গে ঈশ্বররে কাছে উপস্থতি হওয়ার পরে, আমাদরে যে যে জনিসিরে প্রয়োজন সইে ব্যাপারে ঈশ্বরকে প্রশ্ন করতে পারি| অনকে লোক তাদরে প্রার্থনা শুরু করনে জজি্ঞাসার মাধ্যমে, কন্তিু এইটি ধৃষ্টতা | অধীশ্বররে প্রার্থনা আমাদরে পতিার (ম্যাথউি ৬:৯)গুণগান দয়িে শুরু করতে এবং তারপর জজি্ঞাসা করতে নরি্দশে দয়ে| “

প্রশ্ন করুন
☝ গ্রহণ জন্য হাত জোড় করুন|

- লউিক ২২:৪২ - পতিা, যদি আপনি চান, এই পয়োলাআমার থকেে নয়িে নিন- তথাপি, আমার ইচ্ছা নয়, আপনার ইচ্ছায় পূর্ণ হবে| (এইছ কি এস বি)

উৎপাদন

“গথেস্েমনেে বাগানে ক্রুশবদ্ধি হওয়া নয়িে যীশু তীব্র মানসকি যন্ত্রণা ভোগ করছলিনে| তথাপি, তনিি বলনে, ‘যাইহোক, আমার ইচ্ছা নয়, ইচ্ছা তোমাদরেই |” আমদরে প্রয়োজনীয় জনিসিরে জন্য ঈশ্বরকে জজি্ঞাসা করার পর, আমরা তাঁর কথা শুনি এবং তনিি যে জনিসিপত্রউৎপাদন করার জন্য অনুরোধ করনে, আমরা তাই করি| “

উৎপাদন- ঈশ্বর আমাদরে অনুরোধ করনে
☝ প্রার্থনা ভঙ্গতিে হাত গুটান এবং উচ্চ কপালরে উপর রাখুন সম্মান প্রদর্শন করার জন্য|

একত্রে প্রার্থনা

- কোনো একটি প্রার্থনা সময়ে গোষ্ঠীতে প্রার্থনা চারটি অংশ ব্যবহার করে নতেৃত্ব দনি,এক সময় একটি অধ্যায় করুন|

- গোষ্ঠরি প্রত্যকেকে ‘প্রশংসা’ এবং ‘জজি্ঞাসা’ বভিাগে সশব্দে প্রার্থনা করুন | ‘অনুতাপ’ এবং ‘উৎপাদন’ বভিাগে সময় নশি্বব্দে প্রার্থনা করুন|

“যখন আমি বলব, ‘এবং সব ঈশ্বররে মানুষ বলনে ... আমনে.’ আপনি জানতে পারবনে তখন প্রার্থনা সময় শষে হচ্ছে|”

- শকি্ষার্থীদরে প্রার্থনার সময় হাতরে অঙ্গভঙ্গরি ব্যবহার করতে উত্সাহতি করুন, কারণ এটি তাদরে মনে রাখার সাহায্য করে প্রার্থনা কোন অংশ তারা অভ্যাস করছে|

ঈশ্বর কভিাবে আমাদরে উত্তর দবেনে?

–ম্যাথউি ২০:২০-২২– তারপর জমেস এবং যোহনরে মা, জবেদেরি পুত্ররা, তাদরে পুত্রসহ যশিুর কাছে এলনে| সসেম্মানরে সাথে অবনত হয়ে একটি উপকাররে প্রার্থনা করলো| "কতি োমার অনুরোধ?" তনি জিানতে চাইলনে| সে উত্তর দলি, "আপনার রাজ্যে, আমার দুই পুত্রকে আপনার পাশে বসার সম্মান দনি, একজন কে আপনার ডান দকিে এবং অন্যজনকে আপনার বাম দকিে| কন্তিু যশিু তাদরে বললনে, "তুমি জানো না, তুমি কি চাইছ ! তোমরা কি তিক্ত পয়োলা থকেে পান করার যন্ত্রণা সহ্য করতে পারবে, যা আমি পান করব? " তারা জবাব দলি, " ওহহ হ্যাঁ, আমরা পারব !" (এন এল টি)

না

"জমেস এবং জনরে মা যশিুকে তাঁর রাজত্বে ছলেদেরে সর্বাপক্ষো সম্মানতি স্থান দতিে অনুরোধ করলনে| আত্মাভমিান এবং ক্ষমতা

তাকে উদ্দশ্যেপ্রণোদতি করছে| যীশু তাকে জানান তনি তিার অনুরোধটি রাখতে পারবনে না কারণ একমাত্র পতিার সইে অধকিার আছে| আমরা যখন ভুল উদ্দশ্যে নয়িে অনুরোধ করি ঈশ্বর "না" বলনে|"

না - আমাদরে ভুল উদ্দশ্যে আছে.
মাথা ঝাঁকান "না" সংকতে দবোর জন্য

– যোহান ১১:১১,১৫ - তনি আিরো বললনে, " আমাদরে বন্ধু লাজারাস ঘুময়িে পড়ছেনে; কন্তিু আমি তাকে জাগয়িে তুলব|" তাঁর অনুগামীগন জজ্ঞিাসা করলনে, "প্রভু, যদি সে ঘুমায়ে, তাহলে ভালো বোধ করবে|" যশিু তাঁর মৃত্যুর কথা বলছলিনে, কন্তিু শষ্যিগণ ভাবলনে, যশিু সাধারণ ঘুমরে কথা বলছনে| তাই তনি তিাদরে সাধারণ ভাবইে বললনে, "লাজারাস মারা গছেে, এবং তোমাদরে জন্য আমি আনন্দতি যে আমি সখোনে উপস্থতি ছলিাম না, যাতে তোমাদরে বসবাস জন্মায়| কন্তিু এখন চল আমরা তার কাছে যাই|"

মন্থর

"যীশু জানতনে যে লাজারাস অসুস্থ ছলি, এবং তনি অিনকে আগে আবর্িভূত হয়ে তাকে আরোগ্য করতে পারতনে। কন্িতু যীশু লাজারাসরে মৃত্যু হওয়া পর্যন্ত অপক্ষো করলনে। কারণ তনি একটি বৃহত্তর কাজ করতে চয়েছেলিনে— পুনরুত্থান। যীশু জানতনে যে যদি লাজারাস আবার ফরিে আস,ে এটি তাদরে বশি্বাস গভীরতর করবে এবং ঈশ্বররে গরমিা বৃদ্ধি হিবে। কখনও কখনও আমাদরে অপক্ষো করা আবশ্যক, যতক্ষণ না সঠকি সময় আসে।"

ধীরে- আমাদরে ঈশ্বর প্রদত্ততি সময়রে অপক্ষো করতে হবে , নজিদেরে সময়রে জন্য নয়।

✋ একটি গাড়ী আসতে করার জন্য হাত নচিে করুন।

– লূক ৯:৫১-৫৬- যখন তাঁর স্বর্গ রাজ্যে ফরিে যাবার সময় ঘনীভূত হচ্ছলি, যশিু জরেুসালমে যাত্রার জন্য দৃঢ় সংকল্প হলনে। তনি কিয়কেজন দূতকে আগে একটি সামারয়িদরে একটি গ্রামে পাঠালনে, তাঁর উপস্থতিরি আয়োজন করার জন্য। কন্িতু গ্রামরে মানুষ সখোনে যশিুর অবস্থান চাইছলি না। যখন জমেস এবং যোহান এটি দখেলনে, তারা যশিুকে বললনে, "প্রভু, এদরে ছাই করে দওেয়ার জন্য আমরা কি স্বর্গ রাজ্য থকেে অগ্নি বর্ষণরে আহ্বান জানাবো?' কন্িতু যশিু ঘুরে তাকালনে এবং তাদরে শাসন করলনে। তখন তারা অন্য গ্রামরে দকিে রওনা হলনে (এন এল টি)

পরনিত হত্তয়া

"যখন সামারটিন গ্রাম যীশুকে স্বাগত জানালো না, জমেস এবং যোহান চয়েছেলিনে যশিু যনে সম্পূর্ণ গ্রামে অগ্নকিান্ড ঘটয়িে ধ্বংস করে দনে। শষি্যরা যশিুর উদ্দশ্যে বুঝতে পারনে নি: তনি মিানুষকে রক্ষা করতে এসছেনে, মানুষরে ক্ষতি করতে নয়। শষি্যদরে আরো পরনিত হয়ে ওঠার প্রয়োজন ছলি! একই ভাব,ে যখন আমরা ঈশ্বররে কাছে এমন জনিসি চাই যার আমাদরে সত্যই প্রয়োজন নইে, অথবা এতে আমরা যন্ত্রণা পতেে পার,ি কংিবা আমাদরে জীবনে ঈশ্বররে উদ্দশ্যেরে সঙ্গে তা জটো বাঁধে না, তনি তিা প্রদান করে না. তনি বিলনে আমদরে পরনিতমনস্ক হয়ে ওঠা প্রয়োজন।"

পরনিত হও - ঈশ্বর আমাদরে প্রথমে একটি অঞ্চলে পরনিত করে তুলতে চান

✋ একটি উদ্ভদিরে বৃদ্ধরি রূপরখো হস্তরে ভঙ্গতিে দখোন।

–যোহান ১৫:৭ - কন্িতু যদি আপনি আমাতে থাকনে, এবং আমার বানী আপনার মধ্যে উপস্থতি থাক,ে আপনি যা ইচ্ছা অনুরোধ করতে পারনে, এবং সটেি প্রদান করা

82 মৌলকি অনুশষি্য গঠন

হবে!(এন এল টি)

গমন

"যখন আমরা যীশুকে অনুসরণ করি এবং তাঁর বানীর সঙ্গে জীবন যাপন করি,

আমরা ঈশ্বররে কাছে আমাদরে আবশ্যক জনিষিরে জন্য প্রার্থনা করতে পারি এবং সুনশ্চিতি থাকতে পারি যে তনি প্রদান করবনে। ঈশ্বর বলনে, "হ্যাঁ! যাত্ত! গ্রহণ কর।"

গমন - আমরা তাঁর ইচ্ছা অনুযায়ী প্রার্থণা করছে এবং তনি বিলছনে "হ্যাঁ।"
মাথা নাড়ুন, "হ্যাঁ" সংকতেরে সাথে এবং হস্ত মুদ্রায় সংকতে দনি " যাত্ত "।

স্মৃতচািরণ

–লউিক ১১:৯ -তাই আমি আপনাকে বলি, প্রশ্ন করতে থাকুন, এবং এটি আপনাকে প্রদান করা হবে। অনুসন্ধান করতে থাকুন, এবং আপনি খুঁজে পাবনে। ধাক্কা দনি, এবং আপনার জন্য দরজা খুলে যাবে।(এইচ সি এস বি)

- প্রত্যকেে উঠে দাড়ান এবং একত্রে ১০ বার স্মৃতচািরণ করুন। প্রথম ছয় বার, শকি্ষাত্রীরা বাইবলে অথবা শকি্ষা-ববিরণী ব্যবহার করনে। শষে চারবার, তারা স্মৃতি থকেে স্লোক পাঠ করনে। শকি্ষাত্রীদরে প্রতি ক্ষত্রেে স্লোক পাঠ করার আগে স্লোক-সুত্র বলা উচতি এবং পাঠ শষে হওয়ার পরে বসা উচতি।

- এই নয়িম অনুসরণ করলে শকি্ষাত্রীদরে বুঝতে সুবধিা হয়, "অধ্যায়" অধবিশেনে গোষ্ঠী কোন পাঠ সম্পূর্ণ করলো।

অভ্যাস

- এই অধবিশেনে শকি্ষাত্রী কে তার সঙ্গীর মুখোমুখি বসার জন্য অনুরোধ করুন। সঙ্গীরা পরস্পররে সাথে শকি্ষা বনিমিয় করনে।

"এই জোড়রে মধ্যে **কম দরৈ্ঘ্যরে** মানুষটি নতো হবনে।"

- **প্রশকি্ষকরে প্রশকি্ষণ পদ্ধতি** পৃষ্ঠা ২১ অনুসরণ করুন।

- **অধ্যায়** অধবিশেন এ যভোবে আপনি শিক্ষা দান করছেনে, সইে ভাবে আপনি সাব কছিু শখোনো ের উপরে জ োর দনি।

  “প্রশ্ন করুন, ধর্ম-গ্রন্থ একত্রে পাঠ করুন, এবং একই ভাবে উত্তর দনি যভোবে পূর্বে আমি আপনার সাথে পাঠ করছেলিাম।”

- পরস্পর কে শকি্ষাদান এর পরে, শকি্ষাত্রী কে সঙ্গী বদল করার জন্য অনুর োধ করুন এবং এই শকি্ষা পদ্ধতটিরি পুনরাবৃত্তি করুন। শকি্ষাত্রী কে কারুর কথা ভাবতে বলুন যার সাথে তনিি শকি্ষা লাভরে পরে তার পাঠ বনিমিয় করবনে।

  “কছিু সময় নয়িে কারুর কথা ভাবুন যাকে আপনি প্রশকি্ষণরে বাইরে শকি্ষা দতিে পারবনে। পাঠরে প্রথম পৃষ্ঠায় উপরে সইে মানুষটরি নাম লখিুন।”

সমাপ্তি

ঈশ্বররে দূরভাষ নম্বর ☛

“আপনি কি ঈশ্বররে দূরভাষ নম্বর জাননে? এটি ৩-৩-৩।”

–জরেমেয়িাহ ৩৩:৩ - আমাকে আহ্বান করুন এবং আমি আপনাকে উত্তর দবে, এবং আমি আপনাকে কছিু মহান এবং ক্ষমতাশালী জনিসিরে কথা বলব, যা আপনি জাননে না।(এন এ এস বি)

“নশি্চতি হন যে আপনি তাঁকে প্রতদিনি আহ্বান করছনে। তনিি আপনাদরে কাছ থকেে সাড়া পাওয়ার জন্য অপক্ষো করে আছনে এবং তাঁর সন্তানদরে সঙ্গে কথা বলতে পছন্দ করনে! “

দুই হাত - দশ আঙ্গুল ☛

- দুই হাত উপরে তুলে ধরুন।

  “দুই ধরনরে মানুষ আছনে, যাদরে জন্য প্রতদনি আমাদরে প্রার্থনা করা উচতি: বশি্বাসী এবং নাস্তকি।”

"আমরা বিশ্বাসীদের জন্য প্রার্থনা করি যে তারা যিশুকে অনুসরণ করুন এবং অন্যদের একই কাজ করতে শিক্ষা দিন। আমরা নাস্তিকদের জন্য প্রার্থনা করি যাতে তারা খৃষ্টকে গ্রহণ করেন।"

- শিক্ষাত্রীদের উত্সাহ দিন তারা যেন পাঁচজন ব্যক্তিকে পছন্দ করে তাদের ডান পাশে রাখেন, যারা এখনো বিশ্বাসী হয়ে ওঠেনেনি। তাদের যিশুর অনুগামী করার জন্য প্রার্থনা করুন।

- বাম দিকে, শিক্ষাত্রীরা যেন বিশ্বাসীদের রাখেন, যারা যিশুকে অনুসরণ করার শিক্ষা অন্যদের দিতে পারবেন। সেই সকল বিশ্বাসীদের জন্য প্রার্থনা করুন যাতে তারা তাদের সকল হৃদয় দিয়ে যিশুকে অনুসরণ করেন।

৫

অনুগমন

অনুগমন যিশুকে একজন ভৃত্য রূপে উপস্থাপন করে : ভৃত্য মানুষকে সাহায্য করে, তাদের একটি বিনম্র হৃদয় থাকে, এবং তারা তাদের প্রভুকে মান্য করেন। একই ভাবে যিশু তাঁর পিতার সেবা ও অনুসরণ করছিলেন, এখন যিশুকে আমরা সেবা এবং অনুসরণ করি। সকল কর্তৃপক্ষের একজন রূপে তিনি আমাদের চারটি নির্দেশ দিয়েছিলেন মান্য করার জন্য: যাও, অনুগামী গঠন কর, ধর্মপ্রচার কর, এবং তাদের সকল কে তাঁর নির্দেশাবলী অনুগমন করার জন্য শিক্ষা দাও। যিশু আমাদের কাছে অঙ্গীকার করেছেন যে তিনি সর্বদা আমাদের সাথে থাকবেন। যখন যিশু একটি নির্দেশ দেন, আমাদের সেটা সর্বদা, তৎক্ষনাত, এবং হৃদয়ের অন্তস্থল থেকে ভালবাসার সাথে পালন করা উচিত।

সকলের জীবনে ঝড় আসে, কিন্তু জ্ঞানী মানুষ তার জীবন নির্মান করেন যিশুর নির্দেশাবলী অনুগমন করে; মুর্খ মানুষ তা করে না। অবশেষে, শিক্ষাত্রী শিষ্যচরিত ২৯ মানচিত্র শুরু করেন, শস্য শ্যামলা ক্ষেতের একটি ছবি, যা তারা অনুগামী অধিবেশনের শেষে উপস্থাপন করেন।

প্রশংসা

- ঈশ্বরের উপস্থিতি এবং আশির্বাদ প্রার্থনা করার জন্যও কোনো ব্যক্তিকে অনুরোধ করুন।

- দুটি ছিন্দ অথবা স্তোত্র একত্রে পাঠ করুন।

প্রার্থনা

- শকি্ষাত্রীদরে একজন অপরজনরে সাথে জোড় তরৈি করুন, যারা আগে কখনো কারুর সঙ্গী হয়নি।
- প্রত্যকে শকি্ষাত্রী তার সঙ্গীর সাথে নম্নিলখিতি প্রশ্ন গুলরি উত্তর বনিমিয় করুন:

  ১. আপনার জানা হৃত মানুষদরে জন্য আমরা কভিাবে প্রার্থনা করব, যাদরে উদ্ধার করা দরকার ?

  ২. আপনযিে গোষ্ঠকিে শকি্ষা দচি্ছনে, তার জন্য আমরা কভিাবে প্রার্থনা করব?

- যদকিোনো সঙ্গী কাউকে শকি্ষা দতিে শুরু করনেনি, তাদরে দ্বারা প্রভাবতি সম্ভাবনাময় মানুষদরে জন্য প্রার্থনা করুন , যাকে তারা প্রশকি্ষণ দতিে পারবনে।
- সঙ্গীরা একত্রে প্রার্থনা করুন।

অধ্যয়ন

ফাঙ্কি চিকিনে নৃত্য করুন !

"আমি আজ এমন কছিু করতে যাচ্ছি, যা আমি আশা করি আপনারা কোনদনি ভুলবনে না। একটগিোলাকার আকারে দাড়ান এবং আমার দকিে তাকান । আমি যা করব আপনারা তা নকল করুন।"

- প্রথমবার, সহজ হস্ত মুদ্রা দখোন যাতে সকলনেকল করতে পোরে। উদাহরণস্বরূপ হাই তোলা, গালে চাপড়ানো, কনুই ঘষা, ইত্যাদি। আসতে আসতে এবং সহজ ভাবে করুন যাতে সকলে খুব সহজে নকল করতে পারে।

"আমাকে অনুসরণ করা কি সহজ ছলি? কনে অথবা কনে নয়?

"আমাকে নকল করা সহজ ছিলি কারণ আমি আমি সবকিছু সহজ ভাবে করছেি। এখন, আমি চাই আপনি আমাকে আবার নকল করুন। মনে রাখুন, আমি যা করছি ঠকি সভোবহৈে আপনারা করুন।"

- দ্বতিীয় বার, এমন ভঙ্গি দখোন যা ফাঙ্কি চকিনে নৃত্যরে সমাহার, জন ট্রয়ভোল্টা ডস্কিো, এবং ফক্স ট্রট নৃত্য করতনে।
- নজিরে মত করে একটি উন্মত্ত,জটলি নৃত্য তরৈি করুন যা কউে নকল করতে পারবনো। কউে কউে আপনাকে অনুকরণ করার চষ্টো করবনে, কন্তিু অধকিাংশ দখেে হাসবনে এবং বলবনে, এটি করা অসম্ভব।

"আমাকে সইে সময়ে অনুসরণ করা কি সহজ ছিলি? কনে অথবা কনে নয়?

"আমরা সহজ পুনরুত্পাদন যোগ্য পাঠ শকি্ষা দইি। যখন আমরা এই ভাবে পাঠ শকি্ষা দইি, আপনওি অন্য কাউকে শকি্ষা দতিে পারবনে, যারা আবার অপর কাউকে শকি্ষা দবেনে। যশিুর শকি্ষা দওেয়ার পদ্ধতি যখন আপনি পড়বনে, আপনি দখেবনে তনিি মানুষকে সহজ শকি্ষা দয়িছেনে যা মানুষ মনে রাখতে পারনে এবং অন্যদরে বলতে পারনে। অন্যদরে শকি্ষা দওেয়ার সময়ে আমরা যশিুর পদ্ধতি অনুসরণ করতে চাই।"

পুনর্ববিচেনা

প্রতটিি পুনর্ববিচেনা অধবিশেন সমান। শকি্ষাত্রীদরে উঠে দাড়য়িে পূর্ববর্তী অধ্যায় আবৃত্তি করতে অনুরোধ করুন। লক্ষ্য রাখুন তারা যনে হাতরে মুদ্রাও প্রদর্শন করনে।

আটটি ছবি কি, যা আমাদরে যশিুকে অনুসরণ করতে সাহায্য কর?

সনৈকি, সন্ধানী, মষেপালক, বপক, পুত্র, ভৃত্য, গোমস্তা

সংখ্যাবর্ধন

একজন গোমস্তা কোন তনিটি কার্য্য করনে?

মানুষরে প্রতি ঈশ্বররে প্রথম আদশে কি?

মানুষেরে প্রতি ঈশ্বরের সর্বশেষ নির্দেশ কি?

আমি কিভাবে উর্বর এবং সংখ্যা-বর্ধক হয়ে উঠব?

ইসরায়েলের অবস্থিত দুটি সমুদ্রের নাম কি?

তারা এত কেন পৃথক?

আপনি কোনটির মত হতে চান?

প্রেম

কোন তিনটি কার্য্য একজন মেষপালক করেন?

অন্যদেরে শেখানোর জন্য সর্বাপেক্ষা গুরুত্বপূর্ণ আদেশ কি?

প্রেমেরে উৎস কি?

সহজ উপাসনা কি?

আমরা কেন সহজ উপাসনা করব?

কতজন মানুষ সহজ উপাসনা করেন?

প্রার্থনা

কোন তিনটি কার্য্য একজন ধর্মপ্রচারক করেন?

আমাদেরে কিভাবে প্রার্থনা করা উচিত?

ঈশ্বর আমদেরে কিভাবে উত্তর দেবেন?

ঈশ্বরের দূরভাষ নম্বর কি?

যশিুর মতো হওয়ার অর্থ কি?

–মার্ক ১০:৪৫– এমনকি মানব পুত্র নজিে সবো পতেে আসনেনি, তনিি অন্যদরে সবো করতে এসছেলিনে, এবং অন্য অনকেরে পাপরে প্রায়শ্চত্তি করার জন্য জীবন দয়িছেলিনে। (এন এল টি)

"যশিু একজন ভৃত্য। যশিুর আবগে ছলি মানবজাতরি জন্য তাঁর জীবন বসির্জন দয়িে তাঁর পতিার সবো করা।"

ভৃত্য
হাতুড়ি পিটোনোর ভঙ্গি করুন।

কোন তনিটি কার্য্য একজন ভৃত্য করনে ?

–ফলিপিয়িানস ২:৫-৮– আপনার মনোভাব যশিু খ্রষ্টিরে মত হওয়া উচতি : যনিি ঈশ্বররে সমতুল্য হয়ওে নজিরে প্রতি সইে ধারনাকে আঁকড়ে ধরে থাকনেনি, পরবির্তে তনিি নিজিকেে শুন্য করে রাখলনে, একজন ভৃত্যরে রূপ নলিনে, মানুষরে রূপ নয়িে তনিি নিজিকেে নঃিস্ব করলনে। মানব রূপ নয়িে তনিি নিজিকেে বনিম্র করলনে এবং মৃত্যুর বশ্যতা স্বীকার করলনে- এমনকি ক্রুশবদ্ধি হয়ে মৃত্যু বরণ করলনে !

১. ভৃত্য অন্যদরে সাহায্য করে।

"যশিু অন্যদরে ঈশ্বররে পরবিারে ফরিে আসতে সাহায্য করার জন্য ক্রুশ বদ্ধি হয়ে মারা গছেনে।"

২. ভৃত্যদরে একটি বনিম্র হৃদয় থাকে।

৩. ভৃত্য তারে প্রভুকে অনুগমন করে।

"যশিু তাঁর পতিাকে মান্য করছেনে। আমাদরে উচতি আমাদরে প্রভুকে অনুগমন করা।"

"আমাদরে পাপরে কারণে যশিু ক্রুশবদ্ধি হয়ে মৃত্যু বরণ করে আমাদরে সাহায্য করে গছেনে। তনিি নিজিকেে বনিম্র করছেলিনে এবং সরবদা তাঁর পতিাকে মান্য করছেলিনে। যশিু একজন ভৃত্য এবং তনিি আমাদরে মধ্যইে অবস্থতি। আমরা

তাঁকে অনুসরণ করলে, আমরাও ভৃত্যে পরনিত হব | আমরাও অন্যদরে সাহায্য করব, বনিম্র হৃদয়রে অধকিারী হব, এবং আমাদরে প্রভুকে অনুগমন করব - যশিু |"

পৃথবীতে কার সর্বাপকে্ষা কর্তৃত্ব আছে ?

–ম্যাথউি ২৮:১৮– এরপর যশিু তাদরে কাছে এলনে এবং বললনে, "স্বর্গ রাজ্যরে এবং পৃথবীর যাবতীয় কর্তৃত্ব আমাকে অর্পণ করা হয়ছে|"

"যশিু স্বর্গ রাজ্যে এবং পৃথবীতে সর্বোত্তম কর্তৃপক্ষ | তাঁর কর্তৃত্ব আমাদরে পতিা-মাতা, শক্ষিক, এবং সরকারী কর্মকর্তাদরে থকেে বশেি| তাঁর সমগ্র বশি্বরে সকল মানুষরে থকেে বশেি কর্তৃত্ব এবং শক্ত আিছে | যহেতেু তাঁর সর্বাপকে্ষা বশেি কর্তৃত্ব আছে, তাই যখন তনিি আমাদরে কোনো নর্দিশে দনে, তখন সর্বাগ্রে আমাদরে তা অনুগমন করা উচতি |"

কোন চারট নির্দিশে যশিু বশি্বাসীদরে দয়িছেলিনে?

–ম্যাথউি ২৮:১৯-২০ ক – যান এবং সকল জাত নির্বশিষে অনুগামী গঠন করুন, পতিা ,মানব পুত্র এবং পবত্রি আত্মার নামে তাদরে ধর্মান্তরতি করুন, এবং আম যিে নর্দিশে দয়িছে,ি তা অনুগমন করতে তাদরে শক্ষিা দনি |

গমন

"চলন" ভঙ্গতিে আঙ্গুল চালনা করুন |

অনুগামী গঠন করুন

সহজ উপাসনা থকেে চারট হিস্ত মুদ্রাই ব্যবহার করুন : প্রশংসা, প্রার্থনা, অধ্যয়ন, অভ্যাস |

তাদরে ধর্মান্তরতি করুন

আপনার এক হাত অন্য কনুইতে রাখুন, কনুই উপরে ওঠান এবং নামান যনে কাউকে ধর্মান্তরতি করা হচ্ছে |

তাঁর নর্দিশোবলী মান্য করতে তাদরে শক্ষিা দনি

হাতদুট একিত্র করুন যনে আপন একিট বিই পড়ছনে, এবং এরপর সইে "বই" বাম দকি থকেে ডান দকিে পছিনে সামনে করুন যনে আপন লিোকশক্ষিা দচ্ছিনে |

আমরা কিভাবে যিশুকে অনুগমন করব?

"আমি আপনার সঙ্গে তিনটি কাহিনী বিনিময় করতে চাই যা ব্যাখ্যা করে ঈশ্বর কেমন অনুগামীতা আশা করেন আমাদের থেকে। দয়া করে মন দিয়ে শুনুন, যাতে আপনি কিছু মিনিটের মধ্যেই এই পাঠ আপনার সঙ্গীকে পড়ানোর সময়ে পুনরাবৃত্তি করতে পারেন।"

সর্বদা

"একজন পুত্র তার পিতাকে বলল সে একটি মাস ছাড়া বছরের প্রতি মাসে তার পিতাকে মান্য করবে। সেই মাসে, তার যা ইচ্ছা সে তাই করবে (মদ্য পান, বিদ্যালয়ে না যাওয়া, ইত্যাদি)। আপনার কি মনে হয়, পিতা কি বিললেন?

"সেই একই বালক তার পিতাকে বলল, ' আমি আপনাকে একটি সপ্তাহ ছাড়া বছরের প্রতি সপ্তাহে মান্য করব। সেই সপ্তাহে আমি আমার ইচ্ছামত কাজ করব।' (ড্রাগ নেওয়া, গৃহ থেকে পলায়ন, ইত্যাদি)। আপনার কি মনে হয়, তার পিতা কি বিললেন?

"এরপর বালকটি বিলল, ' আমি আপনাকে একটি দিন ছাড়া বছরের প্রতি দিন মান্য করব। সেই দিনে আমি আমার ইচ্ছা অনুযায়ী কাজ করব। (বিবাহ করব, কাউকে খুন করব, ইত্যাদি)। আপনার কি মনে হয়, তার পিতা কি বিললেন?

"আমরা আশা করি আমাদের সন্তান সর্বদা আমাদের মান্য করবে। একই ভাবে, যখন যিশু আমাদের কোনো নির্দেশ দেন, তিনি আশা করেন আমরা তাঁকে সর্বদা মান্য করব।"

সর্বদা
আপনার বাম দিক থেকে ডান দিকে হস্ত চালনা করুন।

তৎক্ষনাত

"একজন কন্যা তার মা কে খুব ভালবাসত। তার মা খুব অসুস্থ হয়ে পড়লেন এবং মৃত্যুশয্যায় চলে গেলেন। মা কন্যাকে বললেন, 'দয়া করে আমাকে এক পেয়ালা জল দাও।' কন্যাটি বিলল, ' হ্যাঁ, আমি দিবে... (ক্ষনিক বিরতি) আগামী সপ্তাহে।' আপনার কি মনে হয় তার মা কি বিললেন?

"আমরা আশা করি আমাদের সন্তান আমাদের তৎক্ষনাত মান্য করবে, তাদের সময়মত নয়। একই ভাবে, যখন যিশু আমাদের কোনো নির্দেশ দেন, তিনি আশা করেন আমরাও তৎক্ষনাত তাঁকে মান্য করব, ভবিষ্যতের কোনো সময়ে নয়।"

তৎক্ষনাত
🖐 চক্রাকার গতিতে হাত উপর থেকে নিচে চালনা করুন।

হৃদয়ের অন্তস্থল থেকে

"একজন যুবক বিবাহ করতে চাইছিলেন। আমি তাকে বললাম আমি একটি রোবট নির্মান করব, যা তার সব আদেশ পালন করবে। যখন সে কাজ থেকে বাড়ি ফিরে এলো, রোবট টি বলবে, 'আমি তোমাকে খুব ভালোবাসি, তুমি কত কঠিন পরিশ্রমী।' যদি তিনি তার রোবট স্ত্রী কে কোনো কাজ করতে বলেন, সে সর্বদা বলে, 'নিশ্চই প্রিয়তম। তুমি পৃথিবীর শ্রেষ্ঠ মানুষ।' আপনার কি মনে হয় আমার বন্ধু এমন স্ত্রীর সম্পর্কে কি ভাববেন? (একটি রোবট যা বলতে পারে, সেটি আপনি বলার সময়ে রোবটের বাচনভঙ্গি অনুকরণ করুন।)

"আমরা অন্তর থেকে ভালবাসা চাই, কোনো প্রোগ্রাম করা রোবট থেকে নয়। আমরা সত্যিকারের ভালবাসা চাই। সেই ভাবেই, ঈশ্বর চান আমরা হৃদয়ের অন্তস্থল থেকে তাঁকে মান্য করি।

হৃদয়ের অন্তস্থল থেকে
🖐 বুকের উপরে হাত আড়াআড়ি রাখুন এবং ঈশ্বরের প্রশংসা করার জন্য হাত তুলুন।

- তিনটি হস্ত মুদ্রা কয়েকবার পর্যালোচনা করুন : "যিশু চান আমরা তাঁকে অনুগমন করি: সর্বদা, তৎক্ষনাত, হৃদয়ের অন্তস্থল থেকে।"

"যিশু প্রতি বিশ্বাসীকে চারটি নির্দেশ দিয়েছিলেন। আমরা কিভাবে মান্য করব?"

তিনি আমাদের গমন করার নির্দেশ দিয়েছেন।

🖐 "চলন" ভঙ্গির দিকে আঙ্গুল চালনা করুন।

আমরা কিভাবে অনুগমন করব?

"সর্বদা, তৎক্ষনাত, হৃদয়ের অন্তস্থল থেকে।"

তনি আমাদরে অনুগামী গঠনরে আদশে দয়িছেনে।

সহজ উপাসনার চারটি হিস্ত ভঙ্গমিা করুন: প্রশংসা, প্রার্থনা, অধ্যয়ন, অভ্যাস।

আমাদরে কভিাবে মান্য করা উচতি?

"সর্বদা, তৎক্ষনাত, হৃদয়রে অন্তস্থল থকেে।"

তনি আমাদরে ধর্মান্তরতি করার আদশে দয়িছেনে।

ডান কনুই বাম হাতরে তালুতে রাখুন। ডান বহু পছিনে এবং তারপর উপরে করুন।

আমরা কভিাবে মান্য করব?

"সর্বদা, তৎক্ষনাত, হৃদয়রে অন্তস্থল থকেে।"

তনি তাদরে তাঁর নরি্দশে পালন করার শকি্ষা দতিে আদশে দয়িছেলিনে।

আপনি হাত একত্র করুন যনে আপনি একটি বই পড়ছনে, এবং তারপর 'বই' টি পছিন এবং সামনে অর্ধ-চক্রাকারে ঘোরান, যনে আপনি লোকশকি্ষা দচ্ছিনে।

আমরা কভিাবে মান্য করব?

"সর্বদা, তৎক্ষনাত, হৃদয়রে অন্তস্থল থকেে।"

যশিু কি অঙ্গীকার করছেলিনে

–ম্যাথিউ ২৮:২০ খ– এবং আমি অবশ্যই আপনার সাথে সর্বদা থাকব, জীবনরে শষে দনি অবধি।

"যশিু সর্বদা আমাদরে সঙ্গে থাকনে। তনি এখানে, এখনও আমাদরে সাথে আছনে।"

স্মৃতচিারণ

–যোহান ১৫:১০– যখন আপনি আমার নরি্দশোবলী অনুগমন করবনে, আপনি আমার ভালবাসা পাবনে, ঠকি যমেন ভাবে আমি আমার পতিার আদশোবলী মান্য করি এবং তাঁর

ভালবাসা পাই। (এন এল টি)

- প্রত্যকেে উঠে দাড়ান এবং একত্রে ১০ বার স্মৃতচািরণ করুন। প্রথম ছয় বার, শিক্ষাত্রীরা বাইবলে অথবা শিক্ষা-ববিরণী ব্যবহার করনে। শষে চারবার, তারা স্মৃতি থকেে স্লোক পাঠ করনে। শিক্ষাত্রীদরে প্রতক্ষিত্রে স্লোক পাঠ করার আগে স্লোক-সুত্র বলা উচতি এবং পাঠ শষে হওয়ার পরে বসা উচতি।

- এই নয়িম অনুসরণ করলে শিক্ষাত্রীদরে বুঝতে সুবধিা হয়, "অভ্যাস" অধবিশেনে গোষ্ঠী কোন পাঠ সম্পূর্ণ করলো।

অভ্যাস

- এই অধবিশেনে শিক্ষাত্রী কে তার সঙ্গীর মুখোমুখি বিসার জন্য অনুরোধ করুন। সঙ্গীরা পরস্পররে সাথে শিক্ষা বনিমিয় করনে।

"এই জোড়ে **সর্বাপক্ষো লম্বা মানুষ** নতো হবনে।"

- **প্রশকি্ষকরে প্রশকি্ষণ পদ্ধতি** পৃষ্ঠা ২১ অনুসরণ করুন।

- **অধ্যায়** অধবিশেন এ যভোবে আপনি শিক্ষা দান করছেনে, সইে ভাবে আপনি সাব কছিু শখোনোর উপরে জোর দনি।

  "প্রশ্ন করুন, ধর্ম-গ্রন্থ একত্রে পাঠ করুন, এবং একই ভাবে উত্তর দনি যভোবে পূর্বে আমি আপনার সাথে পাঠ করছেলিাম।"

- পরস্পর কে শিক্ষাদান এর পরে, শিক্ষাত্রী কে সঙ্গী বদল করার জন্য অনুরোধ করুন এবং এই শিক্ষা পদ্ধতটিরি পুনরাবৃত্তি করুন। শিক্ষাত্রী কে কারুর কথা ভাবতে বলুন যার সাথে তনিি প্রশকি্ষণ সভার বাইরে পাঠ বনিমিয় করবনে।

  "কছিু সময় নয়িে ভাবুন কাকে আপনি প্রশকি্ষণ সভার বাইরে এই পাঠ শিক্ষা দতিে পারবনে। পাঠরে প্রথম পৃষ্ঠায় উপরে সইে মানুষটরি নাম লখিুন।"

সমাপ্তি

সত্যরে বুনয়িাদ গঠন

- পরবর্তী নাটকিার জন্য তনিজন সচ্ছোসবেীকে বলুন: দুজন নাটকিা উপস্থাপন করবনে এবং একজন কথক হবনে। দুজন সচ্ছোসবেীকে আপনার সামনে রাখুন এবং কথক কে আড়ালে রাখুন। দুজন সচ্ছোসবেী, যারা নাটকিা টি উপস্থাপন করছনে, তারা যনে পুরুষ হন।

- কথককে বলুন ম্যাথউি ৭:২৪-২৫ পাঠ করতে

– ম্যাথউি ৭:২৪,২৫– যারা আমার শক্ষিা শোনেনে এবং মান্য করনে তারা একজন জ্ঞানী ব্যক্তরি মতো যনি দিৃঢ় পাহাড়রে উপর গৃহ নর্মিান করনে। গৃহরে উপর দয়িে বৃষ্টি পিরে, নদী ফুলে ওঠে, এবং বায়ু প্রবাহতি হয়। কন্তিু এটি ভিঙেে পরে না, কারণ এটি দৃঢ় পাথররে উপর নর্মিতি। (সইি ভ)ি

"বজ্ঞি মানুষ পাহাড়রে উপর তাঁর গৃহ নর্মিান করনে।"

- কথক অংশটি পিরার পরে, ব্যাখ্যা করুন জ্ঞানী মানুষটরি সাথে কি হিলো, প্রথম সচ্ছোসবেীর মাথায় জল ঢালার সময়ে বায়ু প্রবাহরে মতো করে শব্দ করুন ।

- নাটকিা শুরুর আগে জলে বোতল লুকয়িে রাখুন।

- কথককে ম্যাথউি ৭:২৬-২৭ পাঠ করতে বলুন।

"মুর্খ মানুষ বালরি উপর নজিরে গৃহ নর্মিান করে।"

–ম্যাথউি ৭:২৬-২৭- যারা আমার শক্ষিা শোনেনে এবং পালন করনে না, তারা স্কজন মুর্খ মানুষরে মতো, যে বালরি উপর নজিরে গৃহ নর্মিান করনে। গৃহরে উপর বৃষ্টি পিরে, নদীর জল বড়েে যায়, এবং বায়ু প্রবল ভাবে প্রবাহতি হয়। অবশষেে এটি ধ্বংসস্তুপে পরনিত হয়। (সইি ভ)ি

- কথকতার পরে ব্যাখ্যা করুন কি ঘিটলো মুর্খ মানুষটরি সাথে, দ্বতিীয় সচ্ছোসবেীর মাথায় জল ঢালার সময়ে মুখে বয় প্রবাহরে মতো করে শব্দ করুন। নাটকিার চরম মুহুর্তে সে পরে যাবে, যইে আপনি বিলবনে, "গৃহটি ধ্বিংসস্তুপে পরনিত হলো।"

"যখন আমরা যশিুর নরি্দশে অনুগমন করি, আমরা জ্ঞানী মানুষরে মতো। যখন আমরা মান্য করিনা, তখন আমরা মুর্খ মানুষরে মতো। আমরা নশি্চতি হতে চাই যে যাদরে আমি শকি্ষা দইি, তারা তাদরে জীবনে যশিুর নরি্দশোবলী পালন করছে। জীবনরে কঠনি দনিে তাঁর বানী একটি দৃঢ় বুনয়িাদ।"

শষি্যচরতি ২৯ মানচতি্র-পর্ব ১

- "সত্য বুনয়িাদ" নাটকিার পরে, প্রতি শকি্ষাত্রীদরে এক টুকরো পোস্টার কাগজ, কলম, পনে্সলি, রং পনে্সলি, চনি্হতি করার ক্রয়েন, ইত্যাদি দনি।

- ব্যাখ্যা করুন, প্রত্যকেে এমন একটি স্থানরে মানচতি্র অঙ্কন করবে, যখোনে ঈশ্বর তাকে যাওয়ার জন্য আহ্বান জানয়িছেনে। শকি্ষাকালে অনকেবার তারা মানচতি্ররে উপর কাজ করতে পারবনে। তারা সন্ধ্যাবলোতওে কাজ করতে পারনে। এই মানচতি্র যশিুর সমগ্র বশি্বে গমনরে নরি্দশোবলীর প্রতি তাদরে মান্যতা উপস্থাপন কর।

- শকি্ষাত্রীদরে সইে স্থানরে একটি মানচতি্র অঙ্কন করতে বলুন, যখোনে ঈশ্বর তাদরে ডকেছেনে। মানচতি্রে রাস্তা, নদী, পর্বত, দর্শনীয় স্থান, ইত্যাদি থাকবে। যদি শকি্ষাত্রী না জাননে, কোথায় ঈশ্বর তাদরে ডকেছেনে, তাহলে তাদরে নজিদেরে বাসস্থানরে, কর্মক্ষত্রেরে এবং তাদরে জীবনে গুরুত্বপূর্ণ মানুষরে সম্পর্কে মানচতি্রে উল্লখে করার উত্সাহ দনি। এটি আরম্ভ করার জন্য একটি অসাধারণ সময়।

সম্ভাব্য মানচতি্র নদির্শন

গৃহ

হাসপাতাল/স্বাস্থ্য কন্দে্র

মন্দরি

গরি্জা

গৃহ গরি্জা

সামরকি ক্ষত্রে

মসজদি

বদি্যালয়

বাজার

শকি্ষাত্রীদরে একটি তুলনামূলক সুন্দর মানচত্রি অঙ্কনরে প্রবণতা থাকে, যখন...

- তারা প্রথমে একটি খসড়া করে নইে এবং তারপর পরষি্কার পাতায় সটেি নকল করে।
- পরদির্শন করার মাধ্যমে এবং অন্যরা তাদরে মানচত্রিে কি করছনে, সটেি দখেে নতুন ধারণা লাভ করুন।
- শকি্ষার শষেে তারা গোষ্ঠরি কাছে মানচত্রিটি উপস্থাপন করবে, সটেি বুঝুন।
- মানচত্রিটি রঙনি করার জন্য ক্রয়েন অথবা রং পন্সেলি ব্যবহার করুন

আমার শিষ্যচরিত ২৯
অসুস্থ মানুষ
নদী
নদী
সামরিক ক্ষেত্র
ফুটবল মাঠ
সরোবর

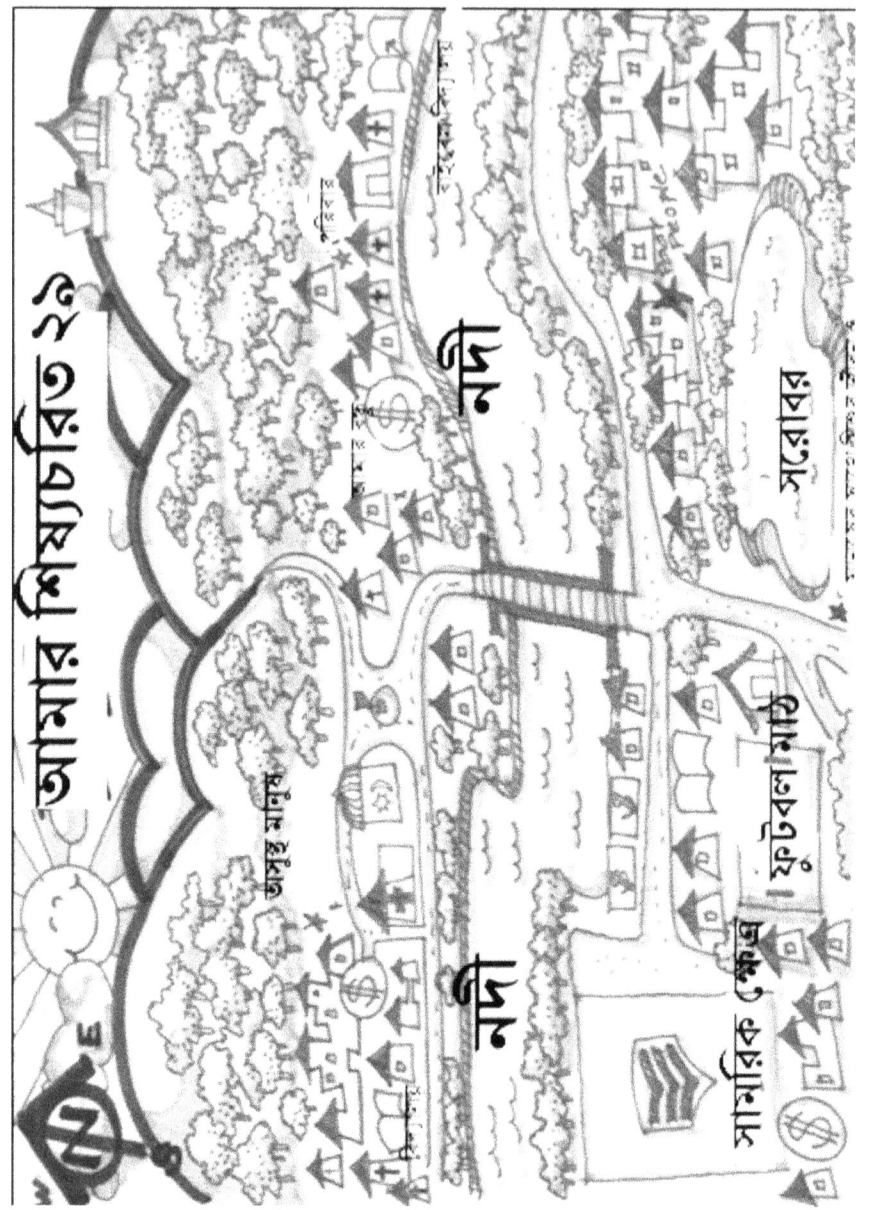

৬

চলন

চলন শকি্ষাত্রীদরে কাছে যশিুকে একজন পুত্র রূপে উপস্থাপন করে, একজন পুর্ত/কন্যা তার পতিাকে সম্মান জানায়, একত্রে বসবাসরে ইচ্ছা রাখে, এবং পরবিাররে সফলতা চায়। পতিাকে যশিুকে "প্রয়িজন" বলে সম্মোধন করে এবং পবত্রি আত্মা খ্রস্টিানদরে ধর্মীয় অনুষ্ঠানে যশিুর উপর অবতীর্ণ হন। যশিু তাঁর মন্ত্রকে সফল কারণ তনি পিবত্রি আত্মার শক্তরি উপরে নর্ভির করছেলিনে।

একই ভাবে, আমাদরে আমাদরে জীবনে পবত্রি আত্মার উপর নর্ভির করা উচতি। পবত্রি আত্মাকে অবলম্বনরে জন্য আমাদরে চারট িআদশে মান্য করা উচতি : আত্মার সাথে চলন, আত্মাকে কষ্ট দবেনে না, আত্মার সাথে একাত্ম অনুভব করুন, আত্মার শখিা নভোবনে না। যশিু আজ আমাদরে সাথে আছনে এবং তনি আমাদরে সাহায্য করতে চান, যভোবে তনি গালীলরি মানুষদরে সাহায্য করছেলিনে। আমাদরে যদ কিোনো কছিু থকেে নরিাময়রে প্রয়োজন হয়, যা আমাদরে তাঁকে অনুসরণ করতে বাধা দচি্ছে, তাহলে আমরা যশিুকে আহ্বান করতে পার।ি

প্রশংসা

- কাউকে ঈশ্বররে উপস্থতি এিবং আশীর্বাদ জন্য প্রার্থনা করতে বলুন
- একত্রে দুট কিোরোস্ বা স্তবগান করুন।

প্রার্থনা

- শকি্ষার্থীদরে মধ্যে সঙ্গী নর্বিাচন করে ববিনি্ন জোড় তরৈ কিরে ববিক্ত করুন, যে পূর্বে সঙ্গী হয়ন।ি

- সঙ্গীরা পরস্পরের কাছে দুটি প্রশ্নের উত্তর বিনিময় করবেন:

  ১. আমাদের জানা পৌঁছিয়ে পরা মানুষদের উদ্ধার করার জন্য আমরা কিভাবে প্রার্থনা করতে পারি?

  ২. যে গোষ্ঠীকে আপনি প্রশিক্ষণ দিচ্ছেন তার জন্য আমরা কিভাবে প্রার্থনা করতে পারি?

- যদি কোনো সঙ্গী কাউকে শিক্ষা দিতে শুরু করেননি, তাদের দ্বারা প্রভাবিত সম্ভাবনাময় মানুষদের জন্য প্রার্থনা করুন, যাকে তারা প্রশিক্ষণ দিতে পারবেন।

- সঙ্গীরা একত্রে প্রার্থনা করুন।

অধ্যয়ন

জ্বালানি নেই

যদি আমি আমার মোটর সাইকেল সব জায়গাতে ঠেলে নিয়ে যাই, এবং তাতে জ্বালানি না ভরি, তাহলে আপনার কি মনে হবে?

- একজন স্বেচ্ছাসেবীকে ডাকুন। স্বেচ্ছাসেবী আপনার "মোটর সাইকেল" এর ভূমিকা পালন করবে। আপনার "মোটর সাইকেল" টি আপনার কর্ম ক্ষেত্রে, বিদ্যালয়ে, বাজারে, এবং বন্ধুর সাথে দেখা করতে ঠেলে ঠেলে নিয়ে যান। আপনার বন্ধুর বাড়িতে, তারা আপনার সাথে "মোটর সাইকেল" এ ভ্রমন করতে চাইলেন। তাদের উঠতে দিন এবং তাদেরও ঠেলুন। দেখান, সেটি কিতটা ক্লান্তকর।

  "অবশ্যই, আপনার মোটর সাইকেলে জ্বালানি ভরা অনেক বেশি ভালো। তাহলে আপনি এই সাব কাজ অনেক সহজে করতে পারবেন।"

- চাবি ঘোরান এবং পা দিয়ে আপনার "মোটর সাইকেল"টি চালু করুন। নিশ্চিত হন, যে এটি একটি মোটর সাইকেল এর মত শব্দ করে।

- আপনাকে হয়তে কয়কেবার মোটের সাইকলেটি থামাতে হবে এবং “ঠকি” করতে হবে, যদি একটি খুব শব্দ করে। আপনি আগে যা যা কাজ করছেনে, সগেুলি সব করুন, কনি্তু এইবার এটি অনায়াসে কারণ আপনাকে মোটের সাইকলেটি ঠলেতে হয়নেি। যখন আপনার বন্ধুরা উঠতে চাইবনে, তাদরে মোটের সাইকলে এ উঠতে দনি, এবং বলুন, “কোনো ব্যাপার না। আমার কাছে অনকে শক্তি আছে এখন।”

  “মোটের সাইকলেটি আমাদরে আধ্যাত্মকি জীবনরে মতো। অনকে মানুষ তাদরে আধ্যাত্মকি জীবন কে “ঠলেে” নয়িে যান, তাদরে নজিদেরে শক্তরি উপর ভরসা করে। ফলত, তাদরে খ্রস্টিান চলন পৃথক, এবং তারা মাঝ পথে ছড়েে

  দয়ে। অন্যরা তাদরে জীবনে পবত্রি আত্মার শক্তি আবষি্কার করছেনে। তনিি মোটের সাইকলে এর জ্বালানরি মতো। যশিুর আদশে মান্য করে কাজ করার জন্য পবত্রি আত্মা আমাদরে শক্তি দয়িে।”

পর্যালোচনা

প্রতটিি পর্যালোচনা অধবিশেন সমান। শকি্ষাত্রীদরে উঠে দাড়য়িে পূর্ববর্তী অধ্যায় আবৃত্তি করতে অনুরোধ করুন। লক্ষ্য রাখুন তারা যনে হাতরে মুদ্রাও প্রদর্শন করনে।

আটটি ছবি কি, যা আমাদরে যশিুকে অনুসরণ করতে সাহায্য কর?

সনৈকি, সন্ধানী, মষেপালক, বপক, পুত্র, ভৃত্য, গোমস্তা

সংখ্যাবর্ধন

একজন গোমস্তা কোন তনিটি কার্য্য করনে?

মানুষরে প্রতি ঈশ্বররে প্রথম আদশে কি?

মানুষরে প্রতি ঈশ্বররে সর্বশষে নর্দিশে কি?

আমি কিভাবে উর্বর এবং সংখ্যা-বর্ধক হয়ে উঠব?

ইসরায়লেরে অবস্থতি দুটি সমুদ্ররে নাম কি?

তারা এত কেন পৃথক?

আপনি কোনটির মতো হতে চান?

প্রেম

কোন তিনটি কার্য্য একজন মেষপালক করেন?

অন্যদের শেখানোর জন্য সর্বাপেক্ষা গুরুত্বপূর্ণ আদেশ কি?

প্রেমের উৎস কি?

সহজ উপাসনা কি?

আমরা কেন সহজ উপাসনা করব?

কতজন মানুষ সহজ উপাসনা করেন?

প্রার্থনা

কোন তিনটি কার্য্য একজন ধর্মপ্রচারক করেন?

আমাদের কিভাবে প্রার্থনা করা উচিত?

ঈশ্বর আমদের কিভাবে উত্তর দেবেন?

ঈশ্বরের দূরভাষ নম্বর কি?

অনুগমন

কোন তিনটি কার্য্য ভৃত্য করেন?

কার কাছে চরম কতৃত্ব আছে?

সকল বিশ্বাসীকে যিশু কোন চারটি আদেশ দিয়েছিলেন?

আমরা কিভাবে যিশুকে অনুগমন করব?

প্রত্যকে বশি্বাসীকে যশিু কি অঙ্গীকার করছেলিনে?

যশিুর মত ো হওয়ার অর্থ কি?

–ম্যাথিউ ৩:১৬-১৭– দীক্ষাপ্রাপ্ত হওয়ার পরে যশিু জল থকেে তৎক্ষনাত উঠে এলনে। স্বর্গ রাজ্যরে দ্বার অকস্মাত তাঁর জন্য খুলে গলে, এবং তনিি দখিলেনে পরমশে্বররে আত্মা একটি কপিে াতরে রূপ নয়িে তাঁর কাছে অধ োগামী হয়ে এসছে। এবং সখোনে স্বর্গ রাজ্য থকেে একটি কন্ঠস্বর ভসেে এল ো: " ইনি আমার পরম প্রয়ি পুত্র। আমি তার প্রতি প্রসন্ন !"   (এইচ সি এস বি)

"যশিু এখন পুত্র।যশিুর নজিরে জন্য শ্রষে্ঠ আখ্যা হল ো, "মানব পুত্র"। তনিিই প্রথম যনিি শাশ্বত ঈশ্বরকে আহ্বান করছেলিনে, "পতিা।" তাঁর পুনরুত্থানরে কারণে, এখন আমরাও ঈশ্বররে পরবিাররে অংশ হতে পার।ি"

পুত্র/কন্যা
হাতটি মুখরে কাছে নয়িে যান যনে আপনি খাদ্য গ্রহণ করছনে। পুত্র বশেি খাদ্য গ্রহণ করে !

একজন পুত্র ক োন তনিটি কার্য্য করনে?

–য োহান ১৭:৪, ১৮-২১– (যশিু বলছেনে....) আপনি আমাকে যে কাজ করতে দয়িছেলিনে তা সুসম্পন্ন করে আমি এখানে পৃথবিীতে আপনার গ ৌরব এনছে।ি ঠকি যভোবে আপনি আমাকে এই পৃথবিীতে পাঠয়িছেলিনে, আমওি তাদরে সভোবইে পৃথবিীতে পাঠাচ্ছ।ি এবং আমি নজিকেে তাদরে জন্য পবত্রি ত্যাগ রূপে সম্প্রদান করব, তারাও যাতে আপনার সত্যটরি মাধ্যমে পবত্রি হয়ে ওঠে।আমি শুধুমাত্র তাদরে জন্য প্রার্থনা করছনিা, আমি তাদরে সকলরে জন্য প্রার্থনা করছ,ি যারা তাদরে বার্তার মাধ্যমে ক োনদনি আমাকে বশি্বাস করব।ে আমি প্রার্থনা কর,ি তারা সবাই একত্র হব,ে যমেন আপনি আর আমি এক- যমেন আপনি আমার মধ্যইে সমাহতি , পতিা, এবং আমি আপনার মধ্যে সমাহতি। এবং তারাও যনে আমাদরে মধ্যে সমাহতি হয়, যাতে বশি্ব বশি্বাস করে যে আপনি আমাকে প্ররেণ করছেনে। (এন এল টি)

১. পুত্র তাদরে পতিাকে সম্মান করনে।

যশিু তাঁর পতিার গরমিা এনছেলিনে, যখন তনিি পৃথবিীতে ছলিনে।

২. পুত্র পরবিারে একতা চায়।

যিশু তাঁর অনুগামীদেরে একতা চান, যেমেন তাঁর পিতা এবং তিনি এিকক।

৩. পুত্র তার পরিবারেরে সফলতা চায়।

"যিশু এখন পুত্র এবং তিনি আমাদেরে মধ্যে থাকেনে। আমরা তাঁকে অনুসরণ করলে, আমরাও পুত্র এবং কন্যাতে পরিনত হব। আমরা আমাদেরে স্বর্গীয় পিতাকে সম্মান করব, ঈশ্বরেরে পরিবারে একতা চাইব, এবং ঈশ্বরেরে রাজত্বে সফলতার জন্য যিশুির মন্ত্রক সফল কনে?

যিশুর মন্ত্রক কনে সফল ছিলি?

–লিউক ৪:১৪– (তার প্রলোভনেরে পরে) এবং যিশু আত্মার শক্তিরি জোরে গালিলিতে ফিরে এলনে, তাঁর সংবাদ আসপোশেরে সকল গ্রামে ছড়িয়ে পড়ল।

"পবিত্র আত্মা যিশুকে সফলতার শক্তি দিয়িছেনে। আত্মার শক্তিতে যিশু ধর্ম-প্রচার করছেনে, নিজিরে শক্তিমিত্তাতে নয়। যখন আমরা যিশুকে অনুসরণ করি, আমরা তাঁর ধর্মপ্রচারেরে উপায়কে নকল করি। যিশু সম্পূর্ণ ভাবে পবিত্র আত্মার উপর নির্ভরশীল। যখন যিশুকে পবিত্র আত্মার উপর নির্ভর করতে হয়, তখন আমাদেরে কত বশেি নির্ভর করা উচিতি!"

ক্রুশেরে আগে যিশু পবিত্র আত্মা সম্পর্কে তাঁর বিশ্বাসীদেরে কাছে কি অঙ্গীকার করছেলিনে?

–যোহান ১৪:১৬-১৮– এবং আমি পিতাকে প্রশ্ন করব, এবং তিনি আপনাকে অপর উপদেষ্টো দবেনে, যিনি আপনার সঙ্গে সর্বদা থাকবনে - সত্যর আত্মা। বিশ্ব তাকে গ্রহণ করতে পারনো, কারণ এটা দখো যায় না, শোনাও যায়ে না। কিন্তু আপনি তাকে জাননে, কারণ সে আপনার সাথে থাকে এবং থাকবওে।আমি আপনাকে অনাথ করে ছড়েে যাব না; আমি আপনার কাছে আসব।

১. তিনি আমাদেরে পবিত্র আত্মা দবেনে।

২. পবিত্র আত্মা আমাদেরে সাথে সর্বদা থাকবনে।

৩. পবিত্র আত্মা আমাদেরে মধ্যে থাকবনে।

৪. আমরা সর্বদা ঈশ্বররে পরবিাররে অংশ থাকব।

"আমরা তাঁর পরবিাররে একটি অংশ কারণ পবত্রি আত্মা আমাদরে মধ্যওে বসবাস করনে।"

পুনরুত্থানরে পরে যশিু পবত্রি আত্মার সম্পর্কে বশ্বিাসীদরে যশিু কি অঙ্গীকার করছেলিনে?

– শষি্যচরতি ১:৮– পবত্রি আত্মা আপনার মধ্যে সমাহতি হলে আপনওি শক্তি পাবনে। এবং আপনি এবং সকলে জরেুজালমেে, যুদয়ো এবং সামারয়িায় এবং পৃথবীর শষে প্রান্ত অবধি সব মানুষ আমার সাক্ষী হবনে। (এন এল টি)

"পবত্রি আত্মা আমাদরে মধ্যে সমাহতি হলে আমাদরে শক্তি প্রদান করনে।"

পবত্রি আত্মা জড়তি কোন চারটি নরি্দশে মান্য করা উচতি?

পবত্রি আত্মার শক্তিতে কোন চারটি আদশে পালনীয়?

– গালাটয়িানস ৫:১৬– কন্তিু আমি বলি, আত্মার সাথে চলুন, এবং আপনি ঐহকি ইচ্ছা বহন করবনে না। (এন এ এস ব)ি

আত্মার সাথে চলন

- একজন সচে্ছাসবেী বাছুন। সঙ্গী পুরুষ/পুরুষ অথবা মহলিা/মহলিে হতে হবে, মশি্রতি হবে না (এই উপায়ে ততদনি অবধি করতে থাকুন, যতদনি না সাংস্কৃতকি ভাবে পুরুষ এবং মহলিা একত্রে নাটকিা সম্পাদন করার জন্য যোগ্য হবনে।)

  "আমার সঙ্গী এবং আমি ঈশ্বররে আত্মার সাথে চলনরে সম্পর্কে কছিু সত্যি আপনাদরে প্রদর্শন করব। এই নাটকিাতে, আমি নজিরে ভূমকিা এবং আমার সঙ্গী পবত্রি আত্মার ভূমকিা পালন করবে। বাইবলে বল,ে 'আত্মার সাথে চলুন।'"

- "আত্মার সাথে চলন" আপনার সঙ্গীর সাথে প্রদর্শন করুন। আপনার সঙ্গীকে "পবত্রি আত্মা"র ভূমকিা পালন করতে দনি। আপনি এবং আপনার সঙ্গী একত্রে হাতে হাত রখেে কাঁধে কাঁধ মলিয়িে চলুন, এবং কথা বলুন। যখন পবত্রি আত্মা কথাও যতেে চান, তার সঙ্গে যান। কখনো, পবত্রি আত্মা যখোনে যাচ্ছনে, সখোন থকেে বপিরীতে চলতে শুরু করার চষে্টা করুন। আপনার সঙ্গীর সাথে

সংযুক্ত থাকুন কারণ পবিত্র আত্মা কখনো আপনাদেরে ত্যাগ করে না। সংগ্রাম করুন, কারণ তিনি এক পথে চলছেন, এবং আপনি অন্য পথে চলছেন।

"পবিত্র আত্মার ইচ্ছা অনুসারে আমাদেরে পথ চলা উচিত, নিজিদেরে ইচ্ছায় নয়। কখনো কখনো আমরা নিজিদেরে মতো করে পথ চলতে চাই, এবং সেটি-ই আধ্যাত্মিক সমস্যা তৈরি করে এবং আমাদেরে হৃদয়ে বিশাল দ্বন্দ্বেরে সৃষ্টি করে।"

আত্মার সাথে চলুন
☞আপনার দুই হাতে আঙ্গুল দিয়ে "চলন" ভঙ্গি দেখোন

–এফেসিয়ানস ৪:৩০– এবং ঈশ্বরেরে পবিত্র আত্মাকে কষ্ট দিবেন না , তিনি আপনার মুক্তির জন্য আপনার নাম অঙ্কিত করেছেন। (এইছ সি এস বি)

আত্মাকে কষ্ট দিবেনে না

"বাইবেলে বলে, 'পবিত্র আত্মাকে কষ্ট দিবেনে না।' পবিত্র আত্মার অনুভূতি আছে, এবং আমরা তাঁকে দুঃক্ষতি করতে পারি।"

- পবিত্র আত্মার (আপনার সঙ্গী) সাথে চলুন এবং গোষ্ঠির কারুর সম্পর্কে পরচর্চা করুন। যখন আপনি এটি করছেন, পবিত্র আত্মা কষ্ট পেতে শুরু করেন। অন্য একজন শিক্ষাত্রীর সঙ্গে লড়াই করার ভান করুন, এবং পবিত্র আত্মা পুনরায় কষ্ট পেতে শুরু করেন।

"আপনার জীবন ধারা সম্পর্কে সচেতন থাকুন, কারণ পবিত্র আত্মা আপনার মধ্যে আছেন এবং তিনি কষ্ট পেতে পারেন। আমরা আমদেরে কাজ অথবা কথার মাধ্যমে পবিত্র আত্মাকে দুঃক্ষতি করতে পারি।"

আত্মাকে কষ্ট দিবেনে না।
☞চোখ মুছুন যেন আপনি কাঁদছেন, এরপর মাথা নারান, যেন "না" বলছেন।

–ইফেসিয়ানস ৫:১৮– ওয়াইন খেয়ে নেশাগ্রস্ত হবেন না, কারণ তা আপনার জীবন ধ্বংস করবে। পরিবর্তে, পবিত্র আত্মাতে সমাহিত হন... (এন এল টি)

আত্মার সাথে সমাহতি হন

“বাইবলে বল, ‘আত্মার সাথে সমাহতি হন|’ এর মানে আমাদরে জীবনরে সরবক্ষত্রে, প্রতদিনি আত্মাকে প্রয়োজন|

“যখন আমরা খ্রস্টিকে গ্রহণ করছে, আমরা পৃথবীর সকল পবত্রি আত্মাকে গ্রহণ করছে| পবত্রি আত্মার “আরো বশে” পাওয়া সম্ভব নয়| কন্তু, পবত্রি আত্মার পক্ষে আমাদরে “আরো বশে” পাওয়া সম্ভব ! প্রতদিনি তনি আমাদরে জীবন কত পূর্ণ করনে, তা আমরা বাছ| এই নরি্দশে তার জন্য, আমাদরে জীবনরে সকল অংশ পূর্ণ করার জন্য| “

আত্মার সাথে সমাহতি হন|
দুটি হাত দয়িে একটি প্রবহমান ভঙ্গি করুন আপনার পায়রে পাতা থকেে উপরে আপনার মাথা অবধি|

–১ থসোলোনয়িানস ৫:১৯– আত্মার শখা নভোবনে না ; (এন এ এস ব)

আত্মার শখা নভোবনে না

“বাইবলে বল, ‘আত্মার শখা নভোবনে না|’ এর মানে, আমাদরে জীবনে তার কাজ যনে আমরা কখনো বন্ধ না কর|”

- পবত্রি আত্মার (আপনার সঙ্গী) সঙ্গে হাঁটুন এবং গোষ্ঠী কে বলুন যে পবত্রি আত্মা চাইছনে আপন একজন শক্ষিাত্রীর সাক্ষী হন| সাক্ষী হতে প্রত্যাখান করুন, কোনো বাহানা করুন, এবং নজিরে পথে চলে যান| পবত্রি আত্মা আপনাকে একজন দুস্থ মানুষরে জন্য প্রার্থনা করতে বলনে, কন্তু আপন প্রত্যাখ্যান করুন, বাহানা দনি, এবং বপিরীত দকিে চলে যান|

“আমরা প্রায়শই পবত্রি আত্মাকে অনুসরণ করার পরবির্তে ঈশ্বররে কাজে বঘ্নি ঘটাই আমাদরে ইচ্ছামত বভিন্নি বাহানা এবং কাজরে মাধ্যমে| আমরা যা কর না অথবা বল না, তার মাধ্যমে পবত্রি আত্মার শখা নভোতে পার| এট এমন, যনে আমরা আমাদরে জীবন থকেে পবত্রি আত্মার অগ্নকিে নর্গিত করতে চষ্টো করছ|”

আত্মার শখা নভোবনে না|
ডান হাতরে তরজনী একট মোমবাতরি মতো করে ধরুন| অভনিয় করুন, যনে

আপনি সেটি নিভিয়ে দিতে চাইছেন। আপনার মাথা নাড়ান, যেন আপনি "না" বলছেন।

স্মৃতচািরণ

–যোহান ৭:৩৮– আমাকে যারা বিশ্বাস করনে, তাদরে মধ্যে যে কেউ আমার সাথে আসতে পারনে এবং পান করতে পারনে ! কারণ,ধর্মগ্রন্থ ঘোষণা করে, "জয়িন্ত জলরে নদী তাঁর হৃদয় থকেে প্রবহমান।" (এন এল টি)

- প্রত্যকেে উঠে দাড়ান এবং একত্রে ১০ বার স্মৃতচািরণ করুন। প্রথম ছয় বার, শিক্ষাত্রীরা বাইবলে অথবা শিক্ষা-বিবরণী ব্যবহার করনে। শষে চারবার, তারা স্মৃতথিকেে স্লোক পাঠ করনে। শিক্ষাত্রীদরে প্রতিক্ষেত্রে স্লোক পাঠ করার আগে স্লোক-সুত্র বলা উচতি এবং পাঠ শষে হওয়ার পরে বসা উচতি।

- এই নিয়ম অনুসরণ করলে শিক্ষাত্রীদরে বুঝতে সুবধিা হয়, "অভ্যাস" অধবিশেনে গোষ্ঠী কোন পাঠ সম্পূর্ণ করলো।

অভ্যাস

- এই অধবিশেনে শিক্ষাত্রী কে তার সঙ্গীর মুখোমুখি বসার জন্য অনুরোধ করুন। সঙ্গীরা পরস্পররে সাথে শিক্ষা বনিমিয় করনে।

  "জোড়রে মধ্যে যনিি মিলিন স্থলরে থকেে সর্বাপক্ষো দুরে থাকনে তনিনিতো হবনে।"

- **প্রশিক্ষকরে প্রশিক্ষণ পদ্ধতি** পৃষ্ঠা ২১ অনুসরণ করুন।

- **অধ্যায়** অধবিশেন এ যভোবে আপনি শিক্ষা দান করছেনে, সইে ভাবে আপনি সাব কছিু শখোনোর উপরে জোর দনি।

  "প্রশ্ন করুন, ধর্ম-গ্রন্থ একত্রে পাঠ করুন, এবং একই ভাবে উত্তর দনি যভোবে পূর্বে আমি আপনার সাথে পাঠ করছেলিাম।"

- পরস্পর কে শকি্ষাদান এর পরে, শকি্ষাত্রী কে সঙ্গী বদল করার জন্য অনুরোধ করুন এবং এই শকি্ষা পদ্ধতটিরি পুনরাবৃত্ত করিুন। শকি্ষাত্রী কে কারুর কথা ভাবতে বলুন যার সাথে তনিপি্রশকি্ষণ সভার বাইরে পাঠ বনিমিয় করবনে।পরস্পর কে শকি্ষাদান এর পরে, শকি্ষাত্রী কে সঙ্গী বদল করার জন্য অনুরোধ করুন এবং এই শকি্ষা পদ্ধতটিরি পুনরাবৃত্ত করিুন। শকি্ষাত্রী কে কারুর কথা ভাবতে বলুন যার সাথে তনিপি্রশকি্ষণ সভার বাইরে পাঠ বনিমিয় করবনে।

  "কছিু সময় নয়িে ভাবুন কাকে আপনপি্রশকি্ষণ সভার বাইরে এই পাঠ শকি্ষা দতিে পারবনে। পাঠরে প্রথম পৃষ্ঠায় উপরে সইে মানুষটরি নাম লখিুন।"

সমাপ্ত

এটমিন্তরকরে ইঙ্গতিপিূর্ণ সময়। যদআিপনার সময় কম থাকে, আপনএিই পরবতী পরবর্তী পাঠরে প্রারম্ভরে জন্য রাখতে পারনে অথবা অন্য সময়ে করতে পারনে। যদআিপনার গোষ্ঠী অধবিশেন কার্য্য বধিরি সন্ধ্যায় ভক্তমিূলক সময়ে এটবি্যবহার করতে চায়, আপনবি্যবহার করতে পারনে।

যশিু এখানে

–হবি্রুজ ১৩:৮– যশিু খ্রষ্টি কখনো পরবির্ততি হন না! তনিগিতকাল যা ছলিনে, আজ তাই আছনে, এবং চরিকাল তাই থাকবনে। (সইি ভ)ি

–ম্যাথডি ১৫:৩০-৩১– এবং বপিুল জনতা তাঁর কাছে এলো, তাদরে সাথে খোঁড়া, পঙ্গু, অন্ধ, বোবা, এবং আরো অনকেকে নয়িে এলনে এবং তারা তাঁর পায়রে কাছে বসে রইলনে; এবং তনিতিাদরে নরিাময় করলনে। জনতা বস্মিতি হলো, যখন দখেল বোবা কথা বলছে, পঙ্গু সুস্থ হয়ে উঠছে, খোঁড়া ব্যক্ত হিাঁটছে, এবং অন্ধজন দৃষ্টফিরিে পয়েছে; এবং তারা ইসরায়লেরে ঈশ্বরকে গরমিান্বতি করলনে। (এন এ এস ব)ি

–যোহান ১০:১০– তস্কর শুধুমাত্র চুর,ি খুন এবং ধ্বংসরে কারণে আসে; আমএিসছেি তাদরে জীবন দতিে, এবং পরপিূর্ণতা দতিে।

"হবি্রুতে ১৩:৮, বাইবলে বলে যে যশিু গতকাল যা ছলিনে, আজ ও তাই আছনে এবং চরিকাল তাই থাকবনে।

ম্যাথডি ১৫:৩০ এ, বাইবলে বলে যে যশিু বহু মানুষরে বহু বভিন্নি সমস্যা নরিাময় করছেনে।

যোহান ১০:১০ এ, বাইবলে বলে যে শয়তান চুর,ি খুন, এবং ধ্বংস করতে আস,ে কন্তিু যশিু আসনে আমাদরে পরপিূর্ণ জীবন দতিে।

"আসল,ে আমরা জান যি যেশিু এখন এখানে আমাদরে সাথে আছনে। যদ িআপনার জীবনে এমন কছিু থাক,ে যার নরিাময় প্রয়োজন, তনি টিা এখন নিরিাময় করতে চান যমেন তনি মি্যাথডি ১৫ তে করছেলিনে। শয়তান আপনাকে মারতে চায়ে এবং আপনার থকেে চুর কিরতে চায়; যশিু আপনাকে পরপিূর্ণ জীবন দতিে চান।

"ম্যাথডি ১৫:৩০ অংশে হয়তে আপন আিধ্যাত্মকিভাবে কারুর সাথে সংযুক্ত হতে চান।

" যশিুর সাথে আপনার চলন ক দিৃঢ়, নাক শিয়তান আপনাকে খোড়া বানয়িছে? "

খুঁড়য়িে চলুন

"যশিু এখান।ে তাঁকে ডাকুন, তনি আিপনার নরিাময় করবনে যাতে আপন আিবার তাঁর সাথে পথ চলতে পারনে।

"আপনকি িদখেতে পান কোথায় ঈশ্বর কাজ করছনে, অথবা শয়তান আত্মবশি্বাস হীনতা দ্বারা আপনার চোখ অন্ধ করে দয়িছে?

নজিরে চোখ ঢাকুন।

"যশিু এখন।ে তাঁকে ডাকুন, এবং তনি আিপনার নরিাময় করবনে যাতে আপন আিবার দখেতে পারনে তনি কিোথায় কাজ করছনে।

"আপন কি আিপনার চারপাশে যশিুর সুসমাচার প্রচার করছনে, নাক আিপন বিাকশক্ত হিারয়িছেনে ?"

নজিরে মুখ ঢাকুন।

"যশিু এখান।ে তাঁকে ডাকুন, এবং তনি আিপনার নরিাময় করবনে যাতে আপন আিবার তাঁর সম্পর্কে সাহসরে সঙ্গে আবার কথা বলতে পারনে।

“আপনি কি অন্যদরে সাহায্য করছনে, নাকি শিয়তান আপনাকে গুলি দ্বিারা এমন আঘাত করছেে যে আপনি আর সাহায্য করতে পারছনে না ?

নজিরে বাহু এমন ভাবে বহন করুন যনে এগুলি গুলি দ্বিারা আহত।

“যশিু এখানে। তাঁকে ডাকুন, এবং তনিি আপনার নরিাময় করবনে যাতে আপনি নজিরে অতীত পছিনে ফলেে আসতে পারনে এবং আবার তাঁর সাথে পথ চলতে পারনে।

“আপনার জীবনে কি কোনো সমস্যা আছে, যা আপনাকে সম্পূর্ণ হৃদয় নয়িে যশিুর পথে চলতে বাধা সৃষ্টি করিছে ?

“আপনার যা যন্ত্রণা, যশিু এখন এখানে এবং তনিি আপনার নরিাময় করতে পারনে। যশিুকে ডাকুন, তাঁকে নরিাময় করতে দনি, এবং ঈশ্বররে গরমিা আনতে দনি !”

- সঙ্গীদরে পরস্পররে সাথে প্রার্থনা করতে অনুরোধ করুন, তাদরে বলুন যশিুকে অনুরোধ করতে যাতে তনিি সকলরে নরিাময় করনে, যা সম্পূর্ণ হৃদয়রে সাথে তাঁকে অনুসরণ করতে বাধা দচি্ছে।

৭

গমন

গমন যশিুকে একজন সন্ধানী রূপে উপস্থাপন করে : সন্ধানী নতুন স্থানরে, দুঃস্থ মানুষরে, এবং নতুন সুযোগরে সন্ধানে থাকনে। কভিাবে যশিু সদ্ধিান্ত নবিনে কোথায় যতেে হবে এবং ধর্মপ্রচার করতে হব? তনিি নজিে সটেি করনেনি; তনিি দখেছেলিনে ঈশ্বর কোথায় কাজ করছেলিনে। তনিি ঈশ্বররে কাজে যোগদান করছেলিনে; এবং তনিি জানতনে ঈশ্বর তাঁকে ভালবাসনে এবং তাঁকে খয়োল করবনে। আমরা কভিাবে বুঝব কোথায় পৌেরহত্যি করব?- একই ভাবে যভোবে যশিু করছেলিনে।

ঈশ্বর কোথায় কাজ করনে? তনিি দরদ্রি, বন্দী, অসুস্থ, এবং হতাশ মানুষরে মাঝে কাজ করনে। অপর স্থান যখোনে ঈশ্বর কাজ করনে, সটেি আমাদরে পরবিার। তনিি আমাদরে সম্পূর্ণ পরবিারকে রক্ষা করতে চান। শকি্ষাত্রী তাদরে শষি্যচরতি ২৯ মানচত্রিে সইে মানুষ এবং স্থান চন্হিতি করনে, যখোনে ঈশ্বর কাজ করনে।

প্রশংসা

- কাউকে ঈশ্বররে উপস্থতি এিবং আশীর্বাদ জন্য প্রার্থনা করতে বলুন।
- একত্রে দুটি কিোরাস্ বা স্তবগান করুন।

প্রার্থনা

- শকি্ষার্থীদরে মধ্যে সঙ্গী নর্বিাচন করে বভিন্নি জোড় তরৈি করে বভিক্ত করুন, যে পূর্বে সঙ্গী হয়না।
- সঙ্গীরা পরস্পররে কাছে দুটি প্রশ্নরে উত্তর বনিমিয় করবনে.:

১. আমাদরে জানা পছিয়িে পরা মানুষদরে উদ্ধার করার জন্য আমরা কভািবে প্রার্থনা করতে পারি?

২. যে গোষ্ঠীকে আপনি প্রশকি্ষন দচি্ছনে তার জন্য আমরা কভািবে প্রার্থনা করতে পারি?

- যদি কোনো সঙ্গী কাউকে শকি্ষা দতিে শুরু করনেনি, তাদরে দ্বারা প্রভাবতি সম্ভাবনাময় মানুষদরে জন্য প্রার্থনা করুন , যাকে তারা প্রশকি্ষণ দতিে পারবনে।

- সঙ্গীরা একত্রে প্রার্থনা করুন।

অধ্যয়ন

পর্যালোচনা

প্রতটিি পর্যালোচনা অধবিশেন সমান। শকি্ষাত্রীদরে উঠে দাড়িয়ে পূর্ববর্তী অধ্যায় আবৃত্তি করতে অনুরোধ করুন। লক্ষ্য রাখুন তারা যনে হাতরে মুদ্রাও প্রদর্শন করনে। শষে চারটি পাঠরে পর্যালোচনা করুন।

আটটি ছবি কি, যা আমাদরে যশিুকে অনুসরণ করতে সাহায্য কর?

সনৈকি, সন্ধানী, মষেপালক, বপক, পুত্র, ভৃত্য, গোমস্তা

প্রমে

কোন তনিটি কার্য্য একজন মষেপালক করনে?

অন্যদরে শখোনোর জন্য সর্বাপকে্ষা গুরুত্বপূর্ণ আদশে ক?ি

প্রমেরে উৎস ক?ি

সহজ উপাসনা ক?ি

আমরা কনে সহজ উপাসনা করব?

প্রার্থনা

কোন তনিটি কার্য্য একজন ধর্মপ্রচারক করনে?

আমাদরে কিভাবে প্রার্থনা করা উচতি?

ঈশ্বর আমদরে কিভাবে উত্তর দবেনে?

**ঈশ্বররে দূরভাষ নম্বর কি? **

অনুগমন

কোন তনিটি কার্য্য ভৃত্য করনে?

কার কাছে চরম কতৃত্ব আছে?

সকল বশি্বাসীকে যশিু কোন চারটি আদশে দয়িছেলিনে?

আমরা কিভাবে যশিুকে অনুগমন করব?

প্রত্যকে বশি্বাসীকে যশিু কি অঙ্গীকার করছেলিনে?

চলন

কোন তনিটি কার্য্য একজন পুত্র করনে?

যশিুর মন্ত্রনালয়ে শক্তরি মূল কি?

ক্রুশ বদি্ধ হওয়ার আগে পবত্রি আত্মা সম্পর্কে যশিু তাঁর বশি্বাসীদরে কাছে কি অঙ্গীকার করছেলিনে?

যশিু তার পুনরাবর্িভাবরে পরে পবত্রি আত্মা সম্পর্কে বশি্বাসীদরে কাছে কি অঙ্গীকার করছেলিনে?

পবতি্র আত্মা সম্পর্কে কোন চারটি আদশে অনুসরনীয়?

যশিুর মতো হওয়ার অর্থ কি?

–লূকি ১৯:১০– মানব পুত্র এসছেনে দুঃস্থ মানুষদরে সন্ধান করতে এবং তাদরে উদ্ধার করতে। (এন এ এস বি)

"যশিু একজন সন্ধানী। তনি দুঃস্থ মানুষ সন্ধান করছেনে। তনি তাঁর জীবনে ঈশ্বররে ইচ্ছাও এবং যশিুর রাজত্ব অন্বষেণ করছেনে।"

সন্ধানী
চোখরে উপরে হাত রখেে সমনে পছিনে তাকান

কোন তনিটি কার্য্য একজন সন্ধানী করনে?

–মার্ক ১:৩৭,৩৮– এবং যখন তারা তাঁকে খুঁজে পলেনে, তারা বললনে: "সবাই আপনাকে খুজছনে!" যশিু উত্তর দলিনে, "চলো আমরা অন্য কোথাও যাই - কোনো নকিটবর্তী গ্রামে- যাতে আমি সখোনওে ধর্মপ্রচার করতে পার। সইে কারণইে আমি এসছে।"

১. সন্ধানী নতুন স্থান সন্ধান করনে।

২. সন্ধানী দুঃস্থ মানুষরে সন্ধান করনে।

৩. সন্ধানী নতুন সুযোগরে সন্ধান করনে।

"যশিু একজন সন্ধানী এবং আমাদরে মাঝইে বাস করনে। যহেতেু আমরা তাঁকে অনুসরণ কর, আমরাও সন্ধানীতে পরনিত হব।"

যশিু কভিাবে সদি্ধান্ত ননে কোথায় ধর্মপ্রচার করতে হবে?

–যোহান ৫:১৯,২০- যশিু তাদরে এই উত্তর দলিনে: "আমি তোমাদরে সত্যি জানালাম, পুত্র নজিে কছিুই করতে পারনে না; সে খালি সটেি করতে পার, যা তার পতিাকে করতে দখেছে, কারণ পতিা যা করনে পুত্র ও তাই কর। যহেতেু পতিা পুত্রকে ভালবাসনে সহেতেু তার যাবতীয় কর্ম তাঁকে প্রদর্শন করনে। হ্যাঁ, তোমাদরে বস্মিত করে তনি পুত্রকে এর থকেওে বশেী মহান দ্রব্য প্রদর্শন

করনে।”

“যশিু বলনে, ‘আমি নিজিে কছিুই করনিা।”

একটি হাত হৃদয়রে উপরে রাখুন এবং মাথা নাড়য়িে বলুন ‘না’।

“যশিু বললনে, ‘আমি দিখেি ঈশ্বর কোথায় কাজ করছনে।”

চোখরে উপর একটি হাত রাখুন; বাম দকিে এবং ডান দকিে খুজুন।

“যশিু বললনে, ‘যখোনে তনিি কাজ করছনে, আমি তাঁকে যোগদান করি।”

আপনার সামনরে কোনো স্থানে হাত রাখুন এবং মাথা নাড়য়িে বলুন হ্যাঁ।

“যশিু বললনে, ‘এবং আমি জানি তিনিি আমাদরে ভালবাসনে এবং প্রদর্শন করবনে।”

প্রশংসা করার ভঙ্গতিে হাত উপরে তুলুন এবং তারপর নজিরে হৃদয়রে উপরে হাত আড়া আড়ি রাখুন।

আমরা কিভাবে সদ্ধিান্ত নবে কোথায় পরৈহতি্য করতে হবে?

–১ যোহান ২:৫,৬– যারা ঈশ্বররে বানী অনুগমন করনে তারা সত্যি প্রদর্শন করনে কত গভীর ভাবে তারা তাঁকে ভালবাসনে। এভাবইে আমরা জানতে পারি আমরা তাঁর মধ্যইে বাস করি। যারা বলনে যে তারা ঈশ্বররে মধ্যে বাস করনে, তাদরে জীবন যশিুর জীবনরে মত হওয়া উচতি। (এন এল টি)

“যভোবে যশিু করছেলিনে, সভোবে আমরা সদ্ধিান্ত নয়িে কোথায় পরৈহতি্য করব “

“আমি নিজিে কছিুই করি না।”

একটি হাত হৃদয়রে উপরে রাখুন এবং মাথা নাড়য়িে বলুন ‘না’।

“আমি দিখেি কিোথায় ঈশ্বর কাজ করছনে।”

চোখরে উপরে একটি হাত রাখুন; বাম এবং ডান দকিে খুজুন।

“যখোনে তনি কাজ করছনে, য োগদান করুন।”

আপনার সামনে ক োন ো স্থানে হাত রাখুন এবং মাথা নাড়য়িে বলুন হ্যাঁ।

“এবং আমি জানি তনি আমাকে ভালবাসনে এবং প্রদর্শন করবনে।”

প্রশংসা ভঙ্গতিে হাত উপরে তুলুন এবং নজিরে হৃদয়রে উপরে হাত আড়া আড়ি রাখুন।

আমরা কি ভাবে জানব ঈশ্বর কাজ করছনে?

– য োহান ৬:৪৪– কউে আমার কাছে আসতে পারবনে না, যতক্ষণ না পতিা, যনি আমাকে পাঠয়িছেনে তাকে আমার প্রতি আকর্ষণ করনে , আমি শষে দনি অবধি তাকে উন্নীত করব।

“যদি কিউে যশিুর সম্পর্কে বশেি জানতে উত্সাহী হন, তাহলে জানবনে ঈশ্বর কাজ করছনে। য োহান ৬:৪৪ বল,ে একমাত্র ঈশ্বর মানুষকে তাঁর কাছে আনতে পারনে। আমরা প্রশ্ন কর,ি আধ্যাত্মকি বীজ বপন কর,ি এবং দখেি ক োন ো সাড়া আসছে কনিা। যদি তারা সাড়া দয়ে তাহলে বুঝতে পারি ঈশ্বর কাজ করছনে।”

যশিু ক োথায় কাজ করছনে?

–লূিক ৪:১৮-১৯– প্রভুর আত্মা আমাদরে মধ্যইে বরিাজমান,কারণ তনি আমাকে নযিুক্ত করছেনে দরদ্রিদরে মধ্যে যশিুর জীবন ও শক্ষিা প্রচার করত।ে তনি আমাকে পাঠয়িছেনে বন্দদিরে মুক্তি দওেয়ার জন্য, এবং অন্ধজনরে দৃষ্টি ফরিয়িে দওেয়ার জন্য, উত্পীড়তি ব্যক্তদিরে মুক্তি দওেয়ার জন্য, এবং প্রভুর অনুকুল বছর প্রচার করার জন্য। (এন এ এস ব)ি

১. দরদ্রি

২. বন্দী

৩. অসুস্থ (অন্ধজন)

৪. উত্পীড়তি ব্যক্তি

"যশিু এই সব মানুষদরে মধ্যে ধর্ম প্রচার করছেলিনে। এটি মনে রাখা জরুরি যে তনি প্রিত্যকে দরদি্র মানুষরে অথবা উত্পীড়তি মানুষরে সবো করনেনি। আমাদরে নজিরে চষ্টোয় আমরা সকলকে সাহায্য করতে চাই। যশিু দখেছেলিনে কোথায় পতিা কাজ করছনে এবং তনি যিোগদান করছেলিনে। আমাদরে তাই করতে হব।ে যদি আমরা সকল উত্পীড়তি মানুষরে সবো করতে যাই, এটি নশ্চিতি হয় যে আমরা এটি আমাদরে নজিদেরে জন্য করতে চাইছি।"

অপর কোন স্থানে যশিু কাজ করছনে?

"আপনি কি জাননে ঈশ্বর আপনার সম্পূর্ণ পরবিারকে ভালবাসনে? এটি তাঁর ইচ্ছাশক্তি যে তারা সকলে সুরক্ষতি এবং তাঁর সাথে একত্রে অনন্তকাল থাকতে পারনে। ঈশ্বর একটি সম্পূর্ণ পরবিারকে রক্ষা করছেনে, এইরকম অনকে উদাহরণ বাইবলেে আছ।ে"

দানব-কবলতি মানুষ-মার্ক ৫

"দানব-কবলতি মানুষ সম্পূর্ণ পরবির্ততি হয়ে গলেনে। তনি যিশিুর সাথে পথ চলতে চাইলনে, কন্তিু যশিু তাকে তার পরবিাররে কাছে ফরিে যতেে বললনে এবং তাদরে জানালনে কি ঘটছে।ে যশিুর কর্ম দখেে আশপোশরে গ্রামরে অনকে মানুষ বস্মিতি হয়ছেলি। যখন ঈশ্বর একজন মানুষকে রক্ষা করনে, তনি চিারপাশরে আরো অনকে মানুষকে রক্ষা করতে চান।"

কর্নলেয়িাস-শষি্যচরতি ১০

"ঈশ্বর পটিারকে করনলেয়িাসরে সাথে কথা বলতে বললনে। যখন পটিার কথা বললনে, পবত্রি আত্মা কর্নলেয়িাস এবং অন্যান্য শ্রোতাদরে বার্তা দ্বারা তৃপ্ত করলনে। কর্নলেয়িাস বশি্বাস করলনে , এবং অন্যান্য শ্রোতারাও বশি্বর করলনে।"

ফলিপিতিে কারাপরদির্শক - শষি্যচরতি ১৬

"ভূমকিম্পরে কারণে কারাগাররে দরজা খুলে যাওয়া সত্বওে পল এবং সলিাস কারাবন্দী হয়ে রইলনে কারাপরদির্শক এতে বস্মিতি হলনে এবং প্রভু যশিুকে বশি্বাস করলনে। ঈশ্বর তার সকল পরজিনবর্গকওে রক্ষা করলনে।"

"কখনো বিশ্বাস হারাবেনে না এবং প্রার্থনা বন্ধ করবেনে না এই ভবেে যে আপনার পরিবার একত্রে অনন্তকাল সুরক্ষিত থাকবে !"

স্মৃতিচারণ

–যোহান ১২:২৬– যে আমার অনুগামী হতে চান আমাকে অবশ্যই অনুসরণ করুন , কারণ আমি যিখোনে আমার ভৃত্য দরে ও সখোনে থাকা আবশ্যক। এবং পিতা তাদরে প্রত্যকেকে সম্মানিত করবেনে যারা আমার সবো করনে। (এন এল টি)

- প্রত্যকেে উঠে দাড়ান এবং একত্রে ১০ বার স্মৃতচিারণ করুন। প্রথম ছয় বার, শিক্ষাত্রীরা বাইবলে অথবা শিক্ষা-ববিরণী ব্যবহার করনে। শষে চারবার, তারা স্মৃতি থিকেে স্লোক পাঠ করনে। শিক্ষাত্রীদরে প্রতি ক্ষত্রেে স্লোক পাঠ করার আগে স্লোক-সুত্র বলা উচিতি এবং পাঠ শষে হওয়ার পরে বসা উচিতি।

- এই নিয়ম অনুসরণ করলে শিক্ষাত্রীদরে বুঝতে সুবধিা হয়, "অধ্যায়" অধবিশেনে গোষ্ঠী কোন পাঠ সম্পূর্ণ করলো।

অভ্যাস

- এই অধবিশেনে শিক্ষাত্রী কে তার সঙ্গীর মুখোমুখি বিসার জন্য অনুরোধ করুন। সঙ্গীরা পরস্পররে সাথে শিক্ষা বনিমিয় করনে।

  "জোড়ে যে মানুষটরি **সর্বাপকেষো বশেী ভাই এবং বোন** আছ,ে সইে নতো হবনে।"

- **প্রশিক্ষকরে প্রশিক্ষণ পদ্ধতি** পৃষ্ঠা ২১ অনুসরণ করুন।

- **অধ্যায়** অধবিশেন এ যভোবে আপনি শিক্ষা দান করছেনে, সইে ভাবে আপনি সাব কছিু শখোনোর উপরে জোর দনি।

  "প্রশ্ন করুন, ধর্ম-গ্রন্থ একত্রে পাঠ করুন, এবং একই ভাবে উত্তর দনি যভোবে পূর্বে আমি আপনার সাথে পাঠ করছেলািম।"

- পরস্পর কে শকি্ষাদান এর পরে, শকি্ষাত্রী কে সঙ্গী বদল করার জন্য অনুরোধ করুন এবং এই শকি্ষা পদ্ধতটিরি পুনরাবৃত্তি করুন। শকি্ষাত্রী কে কারুর কথা ভাবতে বলুন যার সাথে তনি শকি্ষা লাভরে পরে তার পাঠ বনিমিয় করবনে।

  “কছিু সময় নয়িে কারুর কথা ভাবুন যাকে আপন প্রিশকি্ষণরে বাইরে শকি্ষা দতিে পারবনে। পাঠরে প্রথম পৃষ্ঠায় উপরে সইে মানুষটরি নাম লখিুন।”

সমাপ্তি

শষি্যচরতি ২৯ মানচতি্র - দ্বতিীয় পর্ব

“আপনার শষি্যচরতি ২৯ মানচতি্রে, যখোনে যশিু কাজ করনে, টা আঁকুন এবং চনি্হতি করুন। আপনার মানচতি্রে অন্তত পাঁচটি জায়গো চনি্হতি করুন যখোনে যশিু কাজ করনে, আমি জাননে এবং প্রতি স্থানে একটি করে ক্রুশ আঁকুন। চনি্হতি করুন যখোনে ঈশ্বর কাজ করছনে।”

নদী
নদী
ফুটবল মাঠ
সরোবর

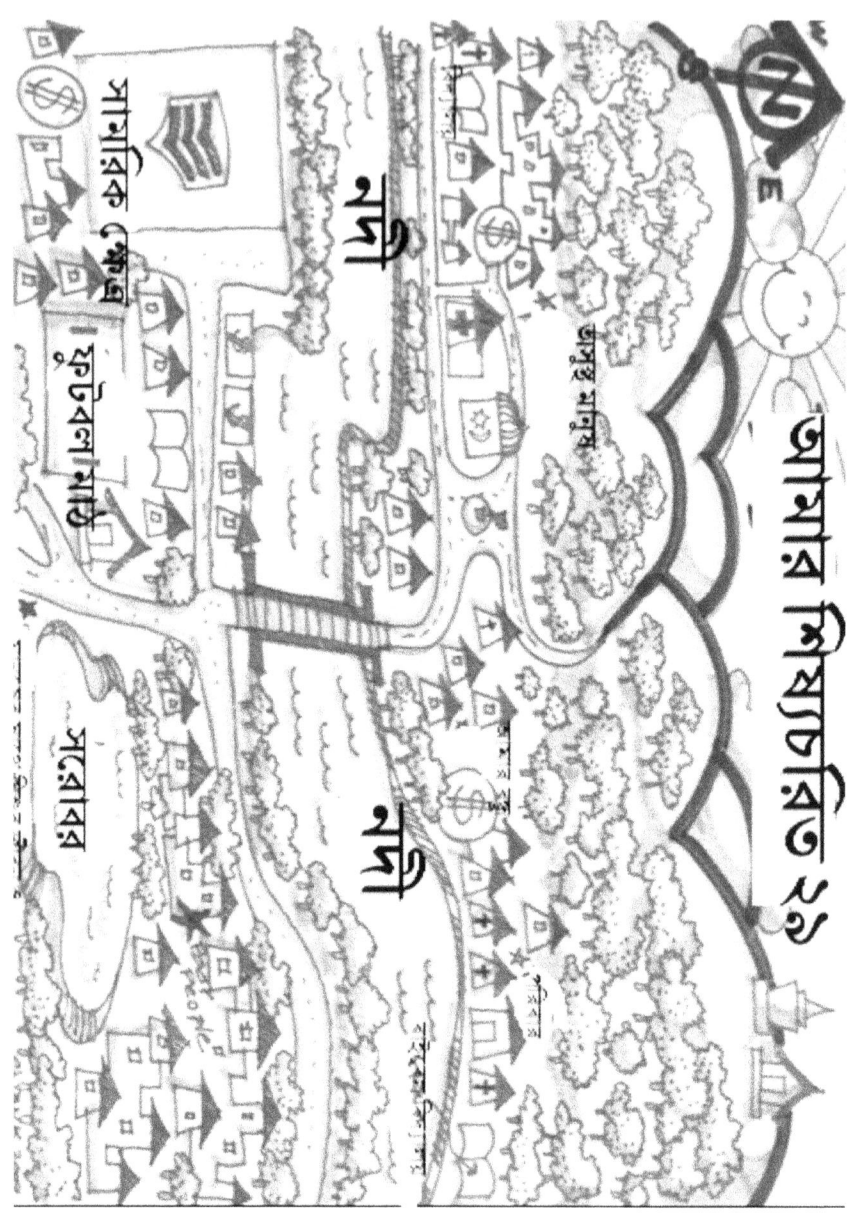

৮

বনিমিয়

বনিমিয় যশিুকে একজন সনৈকি রূপে উপস্থাপন করে: সনৈকি শত্রুদরে সাথে যুদ্ধ করে, কাঠনি্য সহ্য করে, এবং বন্দদিরে মুক্ত করে: যখন আমরা তাঁকে অনুসরণ কর,ি আমরাও সনৈকিে পরনিত হই। যইে মুহুর্তে আমরা ঈশ্বররে কাজে যোগদান কর,ি যখোনে তনিি কাজ করছনে, আমরা আধ্যাত্মকি যুদ্ধরে সম্মুখীন হই। বশি্বাসীরা কভিাবে শয়তানকে পরাজতি করে? আমরা যশিুর ক্রুশবদ্ধি হয়ে মৃত্যুবরণ করার মাধ্যমে, আমাদরে সাক্ষ্য ববিৃতি দযি়ে, এবং আমাদরে বশি্বাসরে জন্য মৃত্যু বরণ করতে পছিুপা না হয়ে তাকে পরাজতি কর।ি

একটি শক্তশিালী সাক্ষ্য ববিৃতি যশিুর সাথে আমার দখো হওয়ার আগরে জীবনরে কাহনী অন্তর্ভুক্ত কর,ে আমি কভিাবে যশিুর সাথে মলিতি হলাম, এবং যশিুর সাথে চলন আমার জীবনে কি কি পরবির্তন আনলো। সাক্ষ্য ববিৃতি খুবই গুরুত্বপূর্ণ, যখন আমাদরে বনিমিয় সময় মাত্র ৩ অথবা ৪ মনিটি হয়, যখন আমরা আমাদরে রুপান্তরতি বয়স উল্লখে করি না (কারণ বয়স কোনো ব্যাপার নয়), এবং যখন আমরা এমন ভাষা ব্যবহার কর,ি যা অবশি্বাসীরাও বুঝতে পারব।ে

এই অধবিশেন একটি প্রতযিোগতিা দ্বারা শষে হয়: কে সবার আগে তার জানা ৪০ জন দুঃস্থ মানুষরে নাম লখিতে পারব।ে প্রথম, দ্বতিীয় এবং তৃতীয় স্থানাধকিারীদরে পুরস্কৃত করা হয়, কন্তিু সর্বশষেে সবাইকইে পুরস্কৃত করা হয় কারণ আমরা সকলইে ‘‘বজিয়ী’’ যহেতেু আমরা জানি কভিাবে আমাদরে সাক্ষ্য ববিৃতি দতিে হয়।

প্রশংসা

- কাউকে ঈশ্বররে উপস্থতিি এবং আশীর্বাদ জন্য প্রার্থনা করতে বলুন
- একত্রে দুটি কোরাস্ বা স্তবগান করুন।

প্রার্থনা

- শকি্ষার্থীদরে মধ্যে সঙ্গী নর্বিাচন করে বভিন্নি জোড় তরৈ করে বভিক্ত করুন, যে পূর্বে সঙ্গী হয়নি|
- সঙ্গীরা পরস্পররে কাছে দুট প্রিশ্নরে উত্তর বনিমিয় করবনে.:

  ১. আমাদরে জানা পছিয়িে পরা মানুষদরে উদ্ধার করার জন্য আমরা কভিাবে প্রার্থনা করতে পার?ি

  ২. যে গোষ্ঠীকে আপন প্রিশকি্ষন দচি্ছনে তার জন্য আমরা কভিাবে প্রার্থনা করতে পার?ি

- যদ কিোনো সঙ্গী কাউকে শকি্ষা দতিে শুরু করনেন,ি তাদরে দ্বারা প্রভাবতি সম্ভাবনাময় মানুষদরে জন্য প্রার্থনা করুন , যাকে তারা প্রশকি্ষণ দতিে পারবনে|
- সঙ্গীরা একত্রে প্রার্থনা করুন|

অধ্যয়ন

পর্যালোচনা

প্রতটি পির্যালোচনা অধবিশেন সমান| শকি্ষাত্রীদরে উঠে দাড়য়িে পূর্ববর্তী অধ্যায় আবৃত্ত কিরতে অনুরোধ করুন| লক্ষ্য রাখুন তারা যনে হাতরে মুদ্রাও প্রদর্শন করনে| শষে চারট পিাঠরে পর্যালোচনা করুন|

আটট ছিব কি,ি যা আমাদরে যশিুকে অনুসরণ করতে সাহায্য কর?ে

সনৈকি, সন্ধানী, মষেপালক, বপক, পুত্র, ভৃত্য, গোমস্তা

প্রার্থনা

কোন তনিট কিার্য্য একজন ধর্মপ্রচারক করনে?

আমাদরে কি ভাবে প্রার্থনা করা উচতি?

ঈশ্বর আমদরে কি ভাবে উত্তর দবেনে?

ঈশ্বররে দূরভাষ নম্বর কি? \

অনুগমন

কোন তনিটি কার্য্য ভৃত্য করনে?

কার কাছে চরম কতৃত্ব আছে?

সকল বশি্বাসীকে যশিু কোন চারটি আদশে দয়িছেলিনে?

আমরা কি ভাবে যশিুকে অনুগমন করব?

প্রত্যকে বশি্বাসীকে যশিু কি অঙ্গীকার করছেলিনে?

চলন

কোন তনিটি কার্য্য একজন পুত্র করনে?

যশিুর মন্ত্রনালয়ে শক্তরি মূল কি?

ক্রুশ বদি্ধ হওয়ার আগে পবত্রি আত্মা সম্পর্কে যশিু তাঁর বশি্বাসীদরে কাছে কি অঙ্গীকার করছেলিনে?

যশিু তার পুনরাবরি্ভাবরে পরে পবত্রি আত্মা সম্পর্কে বশি্বাসীদরে কাছে কি অঙ্গীকার করছেলিনে?

পবত্রি আত্মা সম্পর্কে কোন চারটি আদশে অনুসরনীয়?

গমন

কোন তনিটি কার্য্য একজন সন্ধানী করনে?

কিভাবে যিশু স্থির করেন কোথায় পৌরহিত্য করতে হবে ?

আমরা কিভাবে স্থির করব, কোথায় পৌরহিত্য করতে হবে ?

ঈশ্বর কার্যে মগ্ন, আমরা কিভাবে জানব?

যিশু কোথায় কাজ করেন?

অপর কোন স্থানে যিশু কার্য্য করেন?

যিশুর মতো হওয়ার অর্থ কি?

–ম্যাথিউ ২৬:৫৩– আপনি কি জানেন না আমি আমার পিতাকে অনুরোধ জানাতে পারি, এবং তিনি তিৎক্ষনাত আমাকে বারটিরও অধিক দেবদূত সৈনিকের সাথে পাঠাবেন ? (সি ই ভি)

"যিশু একজন সৈনিক। তিনি তাঁর প্রতিরক্ষার জন্য বারো জন দেবদূত সেনা আহ্বান করবেন কারণ তিনি ঈশ্বরের সৈনিকদের সেনাপতি। তিনি শয়তানকে আধ্যাত্মিক যুদ্ধ -বিগ্রহের জন্য নিজিক্ত করেছেন এবং শেষে অবধি ক্রুশে তিনি পাপকে পরাজিত করলেন।"

সৈনিক
☞ তরবারি তোলো

কোন তিনিটি কার্য্য সৈনিক করেন?

–মারক ১:১২-১৫– তৎক্ষনাত ঈশ্বরের আত্মা যিশুকে মরুভূমিতে প্রেরণ করলেন। তিনি সেখানে চল্লিশদিন থাকলেন যখন শয়তান তাঁর পরীক্ষা নিলেন। যিশু হিংস্র প্রানীদের সাথে বসবাস করলেন, কিন্তু দেবদূত গণ তাঁর যত্ন নিলেন। যোহান গ্রেপ্তার হওয়ার পরে, যিশু গালিলি গেলেন এবং ঈশ্বরের থেকে প্রাপ্ত সুসমাচার প্রচার করলেন। তিনি বিললেন, " সময় এসেছে ! ঈশ্বরের রাজ্য শীঘ্রই আসবে। ঈশ্বরে প্রত্যাবর্তন করুন এবং সুসমাচারে বিশ্বাস করুন !")(সি ই ভি)

১. সৈনিক শত্রুদের সাথে যুদ্ধ করেন।

"যিশু শত্রুদের সাথে যুদ্ধ করেছেন এবং বিজয়ী হয়েছেন।"

২. সনৈকি কাঠনি্য সহ্য করনে।

"যশিু যখন পৃথবীিতে ছলিনে , তনিি অনকে কাঠনি্য সহ্য করছেলিনে।"

৩. সনৈকি বন্দদিরে মুক্ত করনে।

"যীশু'র রাজ্য ফরিে আসছে মানুষকে মুক্তি দিওেয়ার জন্য।"

"যশিু একজন সনৈকি। তনিি ঈশ্বররে সনৈকিদরে আদশে দনে এবং শয়তানকে আধ্যাত্মকি যুদ্ধ-বগি্রহে নযিুক্ত করনে। যশিু আমাদরে জন্য ক্রুশবদি্ধ হয়ে যুদ্ধ জয় করছেনে। যহেতেু যশিু আমাদরেই মাঝে বসবাস করনে, আমরাও বজিয়ী সনৈকিে পরনিত হব। আমরা আধ্যাত্মকি যুদ্ধ করব, আমাদরে সনোপতকিে খুসি করার জন্য কাঠনি্য সহ্য করব, এবং বন্ধীদরে মুক্তপিতেে সাহায্য করব।"

আমরা কভিাবে শয়তানকে পরাজতি করব?

–দীপন ১২:১১– এবং তারা তাকে মষে শাবকরে রক্ত দয়িে এবং তাদরে সাক্ষ্য
ববিৃতি দ্বারা পরাজতি করলনে। এবং তারা তারা এত বশেি মৃত্যু ভয়ে ভীত যে তাদরে
জীবনকে তারা ভালবাসতে পারনেনি। (এন এল টি)

মষে শাবকরে রক্ত দ্বারা

"আমরা ক্রুশে যশিুর রক্তক্ষয়রে কারণে শয়তানকে অতকি্রম করি। তাঁর এবং তাঁর কর্মরে মাধ্যমে আমরা বজিয়ীর থকেে অনকে বশেি।"

মষেশাবকরে রক্ত

☝আপনার মধ্যমা দয়িে দুই হাতরে তালুর দকিে ইঙ্গতি করুন - ক্রুশবদি্ধ হওয়ার ইঙ্গতি।

"যহেতেু আপনি আধ্যাত্মকি যুদ্ধরে সম্মুখীন হবনে, মনে রাখবনে যে যশিু ক্রুশরে মাধ্যমে শয়তান কে পরাজতি করছেলিনে ! শয়তান যখন যশিুকে দখেলে উত্তজেতি হয়, নাকি কান্না কাঁদে এবং চতি্কার কর। সে যশিুর কাছে ভকি্ষা করে তাকে ছড়েে দওেয়ার জন্য।"

"সুসমাচার এটি যে যশিু আমাদরে মধ্যইে বাস করনে। তাই যইে শয়তান যশিুকে আমাদরে মধ্যে দখেনে, শয়তান কম্পন এবং নাকি কান্না শুরু করে দয়ে। সে

একজন শশিুর মত কান্না করতে থাকে ! যশিুর করুশ বদ্ধি হওয়ার জন্যই শয়তান পরাজতি হয়ছে ! কখনো সটো ভুলবনে না : সব কছিু যতই কঠনি হোক না কনে, আমরা বজিয়ী হব ! আমরা বজিয়ী হব !"

আমাদরে সাক্ষ্য ববি্তি

"আমাদরে শক্তশালী সাক্ষ্য ববি্তরি অস্ত্র দয়িে শয়তানকে পরাজতি করি। যশিু আমাদরে জীবন কত সুন্দর করে তুলছেনে, সইে সাক্ষ্য ববি্তি নয়িে কউে তর্ক করতে পারবে না। আমরা এই অস্ত্র যকোনো সময়ে এবং যকোনো স্থানে ব্যবহার করতে পার।ি"

সাক্ষ্য ববি্তি
মুখরে কাছে হাত জড়ো করুন যনে আপনি কাউকে কছিু বলছনে।

মৃত্য বরণ করতে পছিুপা নই

"ঈশ্বররে সাথে আমাদরে অমরত্ব নশি্চতি। তাঁর সাথে থাকা অনকে ভালো; যশিুর জীবন ও শকি্ষা প্রচার করার জন্য এখানে থাকাও প্রয়োজনীয়। এটি আমরা হারাতে পারি না !"

মৃত্য বরণ করতে পছিুপা নই
হাতরে কব্জি একত্র করুন, যনে একটি শকিল।

একটি শক্তশালী সাক্ষ্য ববি্তি রূপরখো কি?

যশিুর সাথে মলিতি হওয়ার আগে আমার জীবন

পূর্বে
আপনার সামনে বাম দকিে ইঙ্গতি করুন।

ব্যাখ্যা করুন একজন বশি্বাসী হয়ে ওঠার আগে আপনার জীবন কমেন ছলি। আপনি যদি একজন খ্রস্টিানরে গৃহে বড় হয়ে ওঠনে, অবশি্বাসী এটি শুনতে খুব উত্সাহতি বোধ করবনে একটি খ্রস্টিান গৃহ কমেন হয়।"

আমি কিভাবে যশিুর সাথে মলিতি হলাম

কভিাবে
আপনার সামনে কন্দ্রে ইঙ্গতি করুন।

বনিমিয় 129

"ব্যাখ্যা করুন আপনি কিভাবে একজন যিশুর বিশ্বাসী হয়ে উঠলেন এবং তাঁকে অনুসরণ করলেন।"

যিশুর সাথে মিলিত হওয়ার পর আমার জীবন

☝ ডান দিকে ফিরুন এবং হাত উপরে এবং নিচে করুন।

"বাখ্যা করুন যিশুকে অনুসরণ করা আপনার কাছে ঠিক কেমন এবং তাঁর সাথে আপনার সম্পর্কের মূল্য আপনার কাছে কতটা।"

একটি সহজ প্রশ্ন করুন

আপনার সাক্ষ্য বিবৃতির পরে প্রশ্ন করুন, "আপনি কি যিশুকে অনুসরণ করা সম্পর্কে আরও শুনতে চান? এটি "ঈশ্বর কি কাজ করছেন? " এই প্রশ্ন।"

☝ নিজের মন্দিরের দিকে ইঙ্গিত করুন- যেন আপনি একটি প্রশ্ন ভাবছেন।

"যদি তারা বলেন 'হ্যাঁ', আপনি জানেন ঈশ্বর এই ক্ষেত্রে কাজ করছেন। একমাত্র ঈশ্বর সকলকে নিজের কাছে আকর্ষণ করেন। এই ক্ষেত্রে আপনি যিশুকে অনুসরণ করা সম্পর্কে আরো বেশি প্রচার করুন।"

"যদি তারা বলেন 'না' ঈশ্বর কাজ করছেন, কিন্তু তারা তাঁকে সাড়া দিতে প্রস্তুত নন। তাদের জিজ্ঞাসা করুন যদি তারা তাদের জন্য কোনো প্রার্থনা করতে পারেন, তাই করুন, এবং নিজের ভঙ্গিতে সেটো করে যান।"

অনুসরণ করার কিছু গুরুত্বপূর্ণ রূপ রেখো কি?

নিজের প্রাথমিক সাক্ষ্য বিবৃতি তিন থেকে চার মিনিটের মধ্যে সীমাবদ্ধ করুন

"অনেকে দুঃস্থ মানুষ আছেন পৃথিবীতে; আপনার সীমিত প্রাথমিক সাক্ষ্য বিবৃতি বুঝতে সাহায্য করে, কে সাড়া দিচ্ছেন আর কে দিচ্ছেন না। সবার উপরে, পবিত্র আত্মার নেতৃত্ব অনুসরণ করুন। নতুন বিশ্বাসীরা এই তিন অথবা চার **মিনিটের** বিবৃতি বিনিময় প্রক্রিয়াতে অনেকে বেশি আত্মবিশ্বাসী বোধ করেন, একটি তিন অথবা চার **ঘন্টার** বিবৃতির পরিবর্তে ! "

আপনি যখন বিশ্বাসী হয়েছিলেন, সেই সময়ের আপনার বয়স বলবেন না

আপনি কোন বয়সে যিশুর অনুগামী হয়েছিলেন সেটি কোনো ব্যাপারই না, কিন্তু এটি একজন অবিশ্বাসীর কাছে ভুল বার্তা নিয়ে যেতে পারে, যখন আপনি আপনার বিবৃতি বিনিময় করবেন। যদি তারা আপনার থেকে যুবক হন, যে সময়ে আপনি বিশ্বাসী হয়েছিলেন, তারা ভাবতে পারে তাদের আরো অপেক্ষা করা উচিত। যদি তারা আপনার থেকে বয়স্ক হন, যে সময়ে আপনি বিশ্বাসী হয়েছিলেন, তারা ভাবতে পারেন তারা সুযোগ হারিয়েছেন। বাইবেলে বলে **আজ** মুক্তির দিন। কথোপকথনে আপনার বয়সের উল্লেখে শুধুমাত্র জটিলতা বাড়াতে পারে।"

খ্রিস্টান ভাষা ব্যবহার করবেন না

"মানুষ যদি কম সময়ের জন্যও বিশ্বাসী হন, তারা অন্যান্য খ্রিস্টানের ভাষা ব্যবহার করতে শুরু করেন। বাক্যাংশ, যেমন 'মেষ শাবকের রক্তে স্নাত', অথবা 'স্তম্ভ পরিবেষ্ঠিত স্থানে চলন' অথবা 'আমি ধর্মপ্রচারকের সাথে কথা বলছিলাম', অবিশ্বাসীদের কাছে বিদেশী ভাষার মত শোনায়। আমরা খ্রিস্টান ভাষা যতটা কম সম্ভব ব্যবহার করি, যাতে আমরা যাদের কাছে যিশুর জীবন ও শিক্ষা বিনিময় করি, তারা যতটা সম্ভব সহজ করে বুঝতে পারে।"

স্মৃতিচারণ

–১ করিন্থীয়ানস ১৫:৩,৪– আমি যা পেয়েছিলাম সর্বপ্রথমে আমি তোমাদের কাছে তাই সম্প্রদান করেছি: যে ধর্মগ্রন্থ অনুসারে খ্রিষ্ট আমাদের পাপের কারণে মৃত্যু বরণ করেছেন,তাঁকে কবর দেওয়া হয়েছে, এবং ধর্মগ্রন্থ অনুযায়ী তৃতীয় দিনে তাঁর পুনরুত্থান ঘটেছে ....

- প্রত্যেকে উঠে দাড়ান এবং একত্রে ১০ বার স্মৃতিচারণ করুন। প্রথম ছয় বার, শিক্ষাত্রীরা বাইবেলে অথবা শিক্ষা-বিবরণী ব্যবহার করেন। শেষে চারবার, তারা স্মৃতি থেকে স্লোক পাঠ করেন। শিক্ষাত্রীদের প্রতি ক্ষেত্রে স্লোক পাঠ করার আগে স্লোক-সুত্র বলা উচিত এবং পাঠ শেষে হওয়ার পরে বসা উচিত।

অভ্যাস

- শকি্ষাত্রীদরে কাছে ঘোষণা করুন যে আপনি চান তারা তাদরে সাক্ষ্য ববিৃতি আপনার দওেয়া রূপরখো অনুসরণ করে তাদরে খাতায় লখিে রাখুক। তাদরে বলুন, তারা এই কার্যরে জন্য ১০ মনিটি সময় পাবনে, এবং তারপর আপনি গোষ্ঠরি কোনো একজনকে বলবনে তার সাক্ষ্য ববিৃতি দতিে।

- ১০ মনিটি শষে হওয়ার পরে, শকি্ষাত্রীদরে বলুন তাদরে কলম বন্ধ করতে। তাদরে বলুন আপনি কাউকে ডাকতে যাচ্ছনে, যনিি গোষ্ঠরি সামনে তার সাক্ষ্য ববিৃতি দবিনে। কছিু সকেনেড বরিতি নিনি। তারপর, ঘোষণা করুন, গোষ্ঠীতে আপনি আপনার ববিৃতি দবিনে। সখোনে মুক্তরি বড় দীর্ঘ্যশ্বাস পড়বে !

- উপরোক্ত রূপ রখো এবং নয়িম রখো মনে আপনার সাক্ষ্য ববিৃতি বনিমিয় করুন। আপনার ববিৃতরি পরে, রূপ রখো এবং নয়িম রখোগুলি ক্রমানুসারে পড়ুন, শকি্ষাত্রীদরে জজ্ঞিাসা করুন যে আপনি সঠকি ভাবে আপনার সাক্ষ্য ববিৃতি দয়িছেনে কনিা।

- এই পাঠরে "অভ্যাস" অংশে শকি্ষাত্রীদরে সময় নর্ধিারণ করার জন্য আপনি একটি ঘড়ি ব্যবহার করবনে। শকি্ষাত্রীদরে জোড়ে বভিক্ত করুন এবং তাদরে বলুন যে তারা তাদরে সাক্ষ্য ববিৃতি দওেয়ার জন্য মাত্র তনি মনিটি পাবনে।

  "**সর্বাপকে্ষা সশব্দে** এবং দ্রুত গততিে যনিি পড়তে পারবনে, তনিি নতিো হবনে।"

- জোড়রে প্রথম ব্যক্তরি সময় দখেুন এবং তনি মনিটি অতক্রিান্ত হলইে বলুন, "থামো"। শকি্ষাত্রীদরে জজ্ঞিাসা করুন যে তাঁর সঙ্গী একটি শক্তশিালী সাক্ষ্য ববিৃতরি জন্য রূপ রখো এবং চারটি নয়িম রখো অনুসরণ করলো কনিা। তারপর, দ্বতিীয় ব্যক্তকিে তার ববিৃতি তনি মনিটিরে জন্য দতিে বলুন। পুনরায়, শকি্ষাত্রীদরে মন্তব্যরে জন্য জজ্ঞিাসা করুন।

- যখন দুজন সঙ্গী বনিমিয় সম্পূর্ণ করছেনে, শকি্ষাত্রীদরে বলুন নতুন একজন সঙ্গী খুঁজে নতিে, বছেে নতিে কার সর্বাপকে্ষা উচ্চ কন্ঠস্বর, এবং পুনরায় ববিৃতি বনিময় অভ্যাস করতে বলুন। চষ্টো করুন অন্তত চারবার জোড় নর্মিান করে গোষ্ঠকিে বভিক্ত করতে।

- পরস্পরকে এই পাঠ শিক্ষা দেওয়ার পরে, শিক্ষাত্রীদেরে বলুন কারুর সম্পর্কে ভাবতে, যার সাথে প্রশিক্ষণের পরে তারা এই পাঠ বিনিময় করতে পারবেনে। পাঠের প্রথম পৃষ্ঠার সর্বাপেক্ষা উপরে তার নাম লিখিতে বলুন।

লবন এবং চিনি

এই উদাহরণটি কোনো একটি প্রতিক্রিয়া সময়ে ব্যবহার করুন, এটি বোঝানোর জন্য যে বিনিময় প্রক্রিয়াটি হৃদয় থেকে হওয়া কতটা গুরুত্বপূর্ণ।

"সতেজ, পক্ক ফল সর্বদা সুস্বাদু হয়! এটি মিষ্টি এবং আপনার মুখে আনন্দেরে স্বাদ ভরে দেয়ে! যখন আমি হলুদ এবং মিষ্টি আনারসের কথা ভাবি, আমার মুখে জল চলে আসে।

"আমি একটি উপায় জানি, যার মাধ্যমে আপনি ফল আরো বেশি সুস্বাদু করে তুলতে পারেনে! অল্প চিনি, লবন অথবা লঙ্কা যোগ করুন। উউম্ ম ম ম ম! এটি সত্যি দারুন সুস্বাদু! আমি এখনি এটির স্বাদ পাচ্ছি!

"একই ভাবে, যখন আপনি কোনো পাঠ শিক্ষা দিচ্ছেনে অথবা যিশুর জীবন ও শিক্ষা বিনিময় করছেনে, ঈশ্বরেরে বানী সর্বদা ভালো, ঠিক ফলেরে মত সুস্বাদু। আমদেরে এটির স্বাদ গ্রহণ করা উচিত এবং জানা উচিত প্রভু কত ভালো। আপনি যখন আপনার আবেগেরে সাথে হৃদয় থেকে বিনিময় করেনে, এটি যেনে ফলে চিনি, লবন, অথবা লঙ্কা মিশ্রনেরে কাজ করে। এগুলি আরো উপাদেয় করে তোলে!"

"তাই, পরবর্তী সময়ে যখন আপনি আপনার সঙ্গীর সাথে এটি বিনিময় করবেনে, আমি চাই আপনি যা বলবেনে, তাতে প্রচুর পরিমানে লবন, চিনি অথবা লঙ্কা মেশাবেনে।"

সমাপ্তি

কে সর্বাগ্রে চল্লিশ জন দুঃস্থ মানুষদের তালিকা গঠন করতে পারেন?

- প্রতি শিক্ষাত্রীকে তাদের বিবরণী বার করে এক থেকে ৪০ অবধি সংখ্যা লিখিতে বলুন।

  "আমরা একটি প্রতিযোগিতা করতে যাচ্ছি। আমরা প্রথম, দ্বিতীয়, এবং তৃতীয় স্থানাধিকারীদের পুরস্কৃত করব।"

- সবাইকে বলুন, আপনি যেই বলবেন, "যাও!" সবাই ৪০ জন অবিশ্বাসীদের নাম লিখিবে। যদি তারা তাদের নাম মনে করতে না পারেন, তাহলে তারা এভাবে লিখিতে পারেন, "নাপিত", অথবা "ডাকপিয়ন"। নিশ্চিত হন, আপনি যাও বলার আগে যেন কেউ শুরু না করেন।

- কেউ কেউ আপনি নির্দেশাবলী দেওয়ার সময়েই শুরু করে দিতে পারেন। সবচেয়ে ভালো, শিক্ষাত্রীরা তাদের কলম উচু করে ধরে থাকুক, যতক্ষণ আপনি নির্দেশ দিচ্ছেন।

- প্রতিযোগিতা শুরু করুন এবং সবাইকে দাড়াতে বলুন, যেই তারা শেষ করবে। প্রথম, দ্বিতীয় এবং তৃতীয় স্থানাধিকারীদের পুরস্কৃত করুন।

  বিশ্বাসীরা আপনাকে দুটো কারণ দেখাবেন কেন তারা তাদের বিশ্বাস বিনিময় করতে পারেননি: তারা জানেন না কিভাবে এবং কাদের সাথে যিশুর জীবন ও শিক্ষা বিনিময় করবেন। এই পাঠে, আমরা এই দুটি সমস্যারই সমাধান করেছি। আপনি এখন জানেন কিভাবে যিশুর জীবন ও শিক্ষা বিনিময় করতে হয় এবং আপনার কাছে সেই তালিকা আছে, যাদের সাথে আপনি বিনিময় করবেন।"

- শিক্ষাত্রীদের বলুন তালিকার পাঁচ জন মানুষের পাশে তারকা চিন্হ দিতে, যাদের সাথে তারা সাক্ষ্য বিবৃতি বিনিময় করবেন। পরবর্তী সপ্তাহে তাদের এই করার জন্য উত্সাহ দিন।

“আপনার হাতরে দকিে তাকান। আপনার হাতরে পাঁচ আঙ্গুল আপনাকে পাঁচজন দুঃস্থ মানুষরে কথা মনে করয়িে দবে, যাদরে জন্য আপনি রোজ প্রার্থনা করবনে। আপনি যখন বাসন পরষ্কিার করনে, লখেনে, অথবা কম্পউিটারে টাইপ করনে, আপনার হাতরে পাঁচটি আঙ্গুলকে আপনার প্রার্থনা করার কথা মনে করয়িে দবে।”

- শক্ষিাত্রীদরে সমগ্র গোষ্ঠরি সাথে সশব্দে তাদরে তালকিা ভুক্ত দুঃস্থ মানুষদরে জন্য প্রার্থনা করতে সময় ব্যয় করতে বলুন।

- প্রার্থনা সময়রে পরে, সকলে একটি মষ্টিান্ন পুরস্কার স্বরূপ দনি, এবং বলুন, “আমরা সকলইে এখন বজিয়ী কারণ আমরা জানি আমাদরে জীবনে কভিাবে এবং কাদরে সাথে যশিুর জীবন ও শক্ষিা বনিময়ি করতে হয়।”

আমার শিষ্যচরিত ২৯
অসুস্থ মানুষ
নদী
নদী
সামরিক ক্ষেত্র
ফুটবল মাঠ
সরোবর

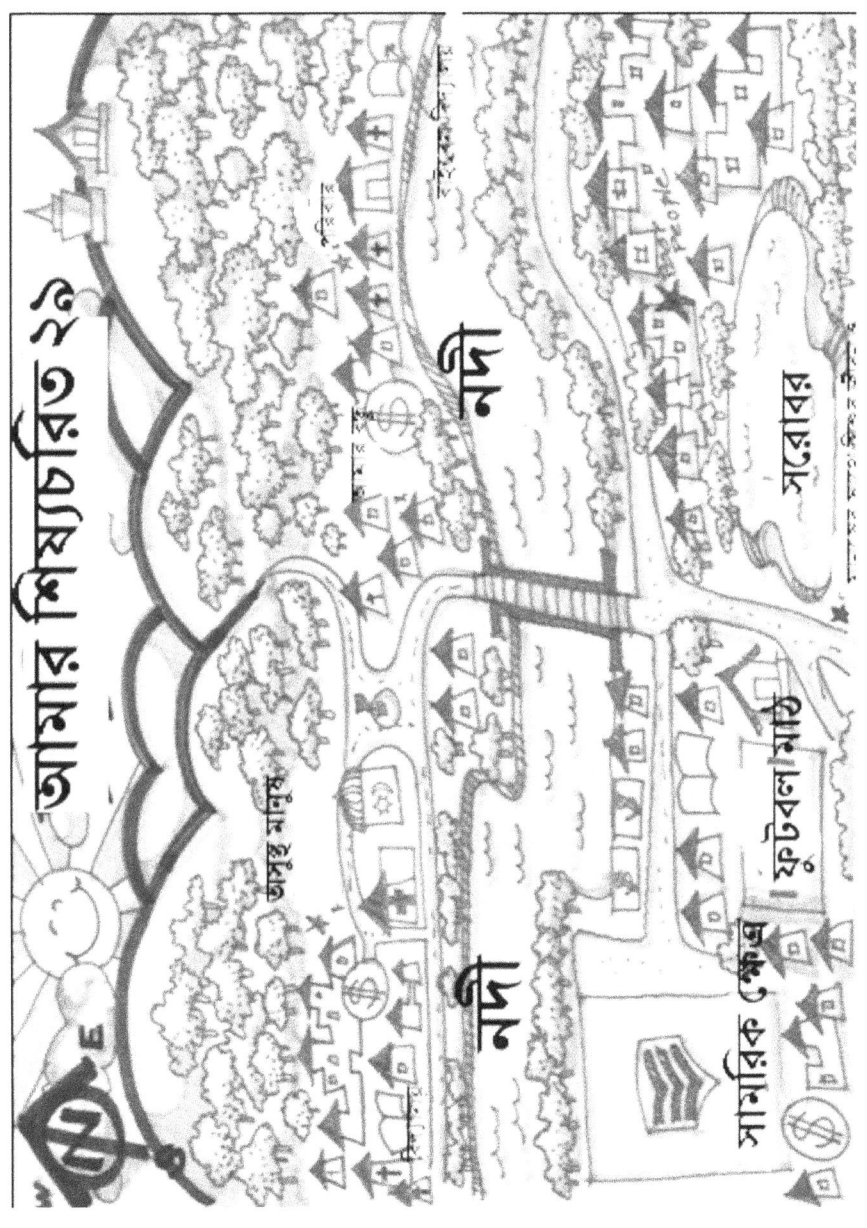

৯

বপন

বপন যিশুকে একজন বপক রূপে উপস্থাপন করে: বপক বীজ বপন করে, খেতে পরিচর্যা করে, এবং চাষের কাজে আনন্দ লাভ করে। যিশু একজন বপক এবং তিনি আমাদের মধ্যেই বসবাস করেন; যখন আমরা ওনাকে অনুসরণ করি, আমরাও বপকের ভূমিকা পালন করি। যখন আমরা অল্প বপন করি, আমরা অল্প ফসল পাই। যখন আমরা অনেকে বপন করি, তখন অনেকে ফসল পাই।

মানুষের জীবনে আমাদের কি বপন করা উচিত? শুধুমাত্র যিশুর জীবন ও শিক্ষা তাদের রূপান্তর ঘটাতে পারে এবং তাদের ঈশ্বরের পরিবারে ফিরিয়ে আনতে পারে। যেই আমরা জানতে পারি, ঈশ্বর একজন মানুষের জীবন সুন্দর করে তুলছেন, আমরা তাদের সাথে যিশুর জীবনধারা ও শিক্ষা বিনিময় করি। আমরা জানি, এটি ঈশ্বরের শক্তি যা তাদের উদ্ধার করবে।

প্রশংসা

- কাউকে ঈশ্বরের উপস্থিতি এবং আশীর্বাদ জন্য প্রার্থনা করতে বলুন
- একত্রে দুটি কোরাস্ বা স্তবগান করুন।

প্রার্থনা

- শিক্ষার্থীদের মধ্যে সঙ্গী নির্বাচন করে বিভিন্ন জোড় তৈরি করে বিভক্ত করুন, যে পূর্বে সঙ্গী হয়নি।
- সঙ্গীরা পরস্পরের কাছে দুটি প্রশ্নের উত্তর বিনিময় করবেন.:

১. আমাদরে জানা পছিয়িে পরা মানুষদরে উদ্ধার করার জন্য আমরা কভািবে প্রার্থনা করতে পারি?

২. যে গোষ্ঠীকে আপনি প্রশকি্ষন দচি্ছনে তার জন্য আমরা কভািবে প্রার্থনা করতে পারি?

- যদি কোনো সঙ্গী কাউকে শকি্ষা দতিে শুরু করনেনি, তাদরে দ্বারা প্রভাবতি সম্ভাবনাময় মানুষদরে জন্য প্রার্থনা করুন , যাকে তারা প্রশকি্ষণ দতিে পারবনে।

- সঙ্গীরা একত্রে প্রার্থনা করুন।

অধ্যয়ন

পর্যালোচনা

প্রতটিি পর্যালোচনা অধবিশেন সমান। শকি্ষাত্রীদরে উঠে দাড়য়িে পূর্ববর্তী অধ্যায় আবৃত্ত করিতে অনুরোধ করুন। লক্ষ্য রাখুন তারা যনে হাতরে মুদ্রাও প্রদর্শন করনে। শষে চারটি পাঠরে পর্যালোচনা করুন।

আটটি ছবি কি, যা আমাদরে যশিুকে অনুসরণ করতে সাহায্য কর?

সনৈকি, সন্ধানী, মষেপালক, বপক, পুত্র, ভৃত্য, গোমস্তা

অনুগমন

কোন তনিটি কার্য্য ভৃত্য করনে?

কার কাছে চরম কতৃত্ব আছে?

সকল বশি্বাসীকে যশিু কোন চারটি আদশে দয়িছেলিনে?

আমরা কভািবে যশিুকে অনুগমন করব?

প্রত্যকে বশি্বাসীকে যশিু কি অঙ্গীকার করছেলিনে?

চলন

কোন তনিটি কার্য্য একজন পুত্র করনে?

যশিুর মন্ত্রনালয়ে শক্তরি মূল কি?

ক্রুশ বদি্ধ হওয়ার আগে পবত্রি আত্মা সম্পর্কে যশিু তাঁর বশি্বাসীদরে কাছে কি অঙ্গীকার করছেলিনে?

যশিু তার পুনরাবরি্ভাবরে পরে পবত্রি আত্মা সম্পর্কে বশি্বাসীদরে কাছে কি অঙ্গীকার করছেলিনে?

পবত্রি আত্মা সম্পর্কে কোন চারটি আদশে অনুসরনীয়?

গমন

কোন তনিটি কার্য্য একজন সন্ধানী করনে?

কি ভাবে যশিু স্থরি করনে কোথায় পৌরহত্যি করতে হবে ?

আমরা কি ভাবে স্থরি করব, কোথায় পৌরহত্যি করতে হবে ?

ঈশ্বর কার্যে মগ্ন, আমরা কি ভাবে জানব?

যশিু কোথায় কাজ করনে?

অপর কোন স্থানে যশিু কার্য্য করনে?

বনিমিয়

কোন তনিটি কার্য্য একজন সনৈকি করনে?

শয়তানকে আমরা কি ভাবে পরাজতি করি?

শক্তশিালী ঐশ্বরকি রূপরখো কোথায়?

কোন কোন গুরুত্বপূর্ণ পথ-নর্দিশেক সূত্র অনুসরণীয়?

যশিুর মতো হওয়ার অর্থ কি?

–ম্যাথডি ১৩:৩৬,৩৭- তারপর তনি (যশিু) ভড়ি ত্যাগ করলনে ও গৃহে প্রবশে করলনে এবং তাঁর অনুগামীগন তাঁর কাছে এলনে ও বললনে," জমরি শ্যামাঘাসরে উপমা-কাহনিীর অর্থ ব্যাখ্যা করুন।" এবং তনি বিললনে, " যনি ভািলো বীজ বপন করনে, তনি মািনব পুত্র।" (এন এ এস ব)ি

"যশিু একজন বপক এবং ফসলরে প্রভু।"

বপক
হাত দয়িে বীজ ছড়ান

কোন তনিটি কার্য্য বপক করনে?

–মার্ক ৪:২৬-২৯– যশিু পুনরায় বললনে: যমেন একজন চাষী একটি ক্ষতেে বীজ বপন করনে, ঈশ্বররে রাজ্যও তমেনি। চাষী রাত্রে শয়নকরনে এবং দনিে নজিরে কাজ করনে। বীজ তার নজিরে মত অঙ্কুরতি হয় এবং বড়েে চল,ে কন্িতু চাষী জানে না কভিাবে এটা হয়। এটি সইে জম,ি যা বীজ কে অঙ্কুরতি করে এবং গাছ হয়ে বড়েে উঠতে সাহায্য কর,ে যা ফসল উত্পাদন কর।ে যখন ফসল তোলার সময় আসে এবং ফসল পকেে যায়,ে চাষী কাস্তে দয়িে ফসল কাট"ে। (সি ই ভ)ি

১. বপক ভালো বীজ বপন কর।ে

২. বপক তাদরে জমি পরচির্যা কর।ে

৩. বপক ভালো ফসল আশা করে

"যশিু একজন বপক এবং আমাদরে মধ্যইে বসবাস করনে। তনি আিমাদরে হৃদয়ে ভালো বীজ বপন করনে, যখন শয়তান খারাপ বীজ বপন করতে চান। যে বীজ যশিু বপন করনে, তা অমর জীবনরে দকিে নয়িে যায়। যখন আমরা তাঁকে অনুসরণ কর,ি আমরাও তাঁর মত বপক হয়ে যাই। আমরা যশিুর জীবন ও শক্ষিার বীজ বপন করব।

আমরা সইে জমপিরচির্যা করব যখোনে ঈশ্বর আমাদরে পাঠয়িছেনে, এবং আমরা দারুন ফসলরে আশা রাখব।”

মৌলকি বদেবাক্য (যশিুর জীবনধারা ও শকি্ষা) কি?

–লূক ২৪:১-৭– সপ্তাহরে প্রথম দনি, খুব ভোরে, মহলিাট মিশলাগুল নিলিনে, যগেুল তিনি তিরৈ কিরছেলিনে এবং সমাধকি্ষত্রে গলেনে। তারা সমাধ থিকে গেড়য়িে পরা পাথর গুল পিলেনে, কন্িতু তারা যখন প্রবশে করলনে, তারা প্রভু যশিুর দহে খুঁজে পলেনে না। যখন তারা আশ্চর্য্য হলনে, অকস্মাৎ দুজন মানুষ এসে দাঁড়ালনে, যাদরে সাররি থকেে এল বচি্ছুরতি হচ্ছলি। ভয় ও ভক্ততিে তারা তাদরে মাথা মাটতিে নত করলনে, কন্িতু সইে মানুষগুল বিললনে, “আপনারা মৃতদরে মাঝে জীবন্ত মানুষকে কনে খুঁজছনে ? তনি এিখানে নইে; তনি পিুনরাবরি্ভাবতি হয়ছেনে ! মনে করুন, তনি আপনাদরে কভিাবে বলছেলিনে, যখন তনি আপনাদরে সাথে গালীলতিে ছলিনে: ‘মানব-পুত্রকে পাপীদরে হাতে তুলে দওেয়া হবে, তাকে ক্রুশ বদি্ধ করা হবে এবং তৃতীয় দনিে পুনরায় তাঁর পুনরাবরি্ভাব হব।ে’”

প্রথম

“ঈশ্বর একট যিথার্থ পৃথবিী তরৈ কিরছেলিনে।”

আপনার হাত দয়িে একট বিড় গোলাকৃত তিরৈ কিরুন।

“তাঁর পরবিাররে অংশ হসিাবে তনি মিানুষ তরৈ কিরছেলিনে।”

একত্রে দুট হিাত আঁকড়ে জড়ো করুন।”

দ্বতিীয়

“মানুষ ঈশ্বরকে অমান্য করছে এবং পৃথবিীতে পাপ এবং যন্ত্রণা এনছে।”

মুষ্ঠ তিুলুন এবং লড়াই করার ভান করুন।

“সুতরাং মানুষকে ঈশ্বররে পরবিার ত্যাগ করতে হব।ে”

হাত আঁকড়ে জড়ো করুন এবং তাদরে আলাদা করার জন্য দুরে টানুন।

তৃতীয়

"ঈশ্বর তাঁর পুত্র যশিুকে পৃথবীিতে পাঠালনে। তনিি একটি যথার্থ জীবন যাপন করছেলিনে।"

হাত টা মাথার উপর তুলুন এবং নমি্নমুখী গতি তরৈি করুন।

"আমাদরে পাপরে কারণে যশিু ক্রুশ বদি্ধ হয়ে মারা গছেনে।"

এক হাতরে মধ্যমাটি অন্য হাতে রাখুন।

"তাঁকে কবর দওেয়া হলো।"

ডান কনুই বাম হাত দয়িে ধরুন এবং ডান বাহু পশ্চাত মুখে ঘোরান, যনে কবর দওেয়া হচ্ছে।

"তৃতীয় দনিে ঈশ্বর তাঁর জীবন ফরিয়িে দলিনে।"

তনিটি আঙ্গুলরে সাহায্যে বাহু তুলুন।

"ঈশ্বর আমাদরে পাপরে জন্য যশিুর ত্যাগ দখেছেনে এবং তা মনেে নয়িছেনে।"

বাইররে দকিে মুখ করে হাতরে তালু নচিে নামান। তারপর, আপনার বহু তুলুন এবং নজিরে হৃদয়রে উপর আড়াআড়ি ভাবে রাখুন।

চতুর্থ

যারা যশিুকে বশি্বাস করনে, তারা ঈশ্বররে পুত্র এবং তাদরে পাপরে জন্য মূল্য দয়িছেনে...."

একজনরে দকিে হাত তুলুন যাকে আপনি বশি্বাস করুন।

"...তাদরে পাপরে অনুতাপ করুন..."

হাতরে তালু মুখকে রক্ষা করার নমিত্তিে বাইররে দকিে রাখুন; মুখ ফরিয়িে রাখুন।

"... এবং উদ্ধার পাওয়ার জন্য অনুরোধ করুন..."

হাত টপিয়োলার মত করুন

"... ঈশ্বররে পরবিারে স্বাগত।"

দুটি হাত একত্রে আঁকড়ে জড়ো করুন।

“আপনি কি ঈশ্বরের পরিবারে ফিরে আসতে চান? আসুন একত্রে প্রার্থনা করি। ঈশ্বরকে বলুন যে আপনি বিশ্বাস করেন যে তিনি একটি যথার্থ পৃথিবী তৈরি করেছেন এবং তাঁর পুত্রকে পাঠিয়েছেন আপনার পাপের জন্য মৃত্যু বরণ করতে। আপনার পাপের অনুতাপ করুন, এবং তাঁকে তাঁর পরিবারে আপনাকে পুনরায় গ্রহণ করার জন্য অনুরোধ করুন।”

- অত্যন্ত গুরুত্বপূর্ণ! সময় নিয়ে নিশ্চিত হন যে যাদের আপনি প্রশিক্ষণ দিচ্ছেন, তারা সকলেই বিশ্বাসী। তাদের এই প্রশ্নটির উত্তর দেওয়ার জন্য একটি সুযোগ দিন, “আপনি কি ঈশ্বরের পরিবারে ফিরে আসতে চান? “

- যিশুর জীবনধারা ও শিক্ষা উপস্থাপনাটি কয়েকবার শিক্ষাত্রীদের মধ্যে পুনরাবৃত্তি করুন, যতক্ষণ না তারা এই বিষয়ে পারদর্শী হয়ে ওঠে। আমাদের অভিজ্ঞতায়, অধিকাংশ বিশ্বাসী জানেন না, কিভাবে তাদের বিশ্বাস বিনিময় করতে হয়, তাই আপনার সময় নিয়ে নিশ্চিত হন যে সকলে যিশুর জীবন ও শিক্ষা বিষয়টি সম্পর্কে স্বচ্ছ।

- শিক্ষাত্রীদের বিষয়টির এবং হস্ত মুদ্রার উপর পারদর্শিতা লাভ করার জন্য পাঠ টি “গঠন” করার মাধ্যমে সাহায্য করুন। প্রথম দৃষ্টিভঙ্গি বিনিময় করুন এবং কয়েকবার পুনরাবৃত্তি করুন। এরপর, প্রথম প্রসমগ এবং দ্বিতীয় প্রসঙ্গ একত্রে কয়েকবার পর্যালোচনা করুন। অতপর, তৃতীয় প্রসঙ্গ বিনিময় করুন এবং কয়েকবার পুনরাবৃত্তি

- করুন। এরপর প্রসঙ্গ এক, প্রসঙ্গ দুই, এবং প্রসঙ্গ তিন একত্রে করুন। অবশেষে, শিক্ষাত্রীদের চতুর্থ প্রসঙ্গটি শিখোন এবং কয়েকবার পুনরাবৃত্তি করুন। শিক্ষাত্রীরা এরপর সম্পূর্ণ বিষয়টি হস্ত মুদ্রার সাথে তাদের পারদর্শিতা প্রদর্শন করার জন্য কয়েকবার পুনরাবৃত্তি করতে সমর্থ হবেন।

স্মৃতিচারণ

–লূক ৮:১৫– ভালো মাটিতে পরা বীজ তাদের জন্য, যারা সৎ এবং সুহৃদয়ের অধিকারী, যে ঈশ্বরের বাণী শোনে, পালন করে, এবং টা সংরক্ষণ করে ফসল উৎপন্ন করে।

- প্রত্যেকে উঠে দাড়ান এবং একত্রে ১০ বার স্মৃতিচারণ করুন। প্রথম ছয় বার, শিক্ষাত্রীরা বাইবেলে অথবা শিক্ষা-বিবরণী ব্যবহার করেন। শেষে চারবার, তারা স্মৃতি থেকে শ্লোক পাঠ করেন। শিক্ষাত্রীদের প্রতি ক্ষেত্রে শ্লোক পাঠ করার আগে শ্লোক-সূত্র বলা উচিত এবং পাঠ শেষে হওয়ার পরে বসা উচিত।

অভ্যাস

দয়া করে পড়ুন! বপন পাঠে অভ্যাস অংশটি অন্যান্য অভ্যাস সময়ের থেকে আলাদা।

- শিক্ষাত্রীদের প্রার্থনা সঙ্গীর দিকে মুখ করে দাড়াতে অনুরোধ করুন। দুজন শিক্ষাত্রীরত্রীর ই উচিত হস্ত মুদ্রার সাথে যিশুর জীবন ও শিক্ষা একত্রে পুনরাবৃত্তি করা।

- যখন প্রথম জোড় সম্পূর্ণ করবেন, প্রত্যেকের অন্য সঙ্গী বেছে নেওয়া উচিত, দাড়িয়ে পরস্পরের দিকে তাকিয়ে হস্ত মুদ্রা দ্বারা যিশুর জীবন ও শিক্ষা আবৃত্তি করা উচিত।

- দ্বিতীয় জোড় পাঠ সম্পূর্ণ করলে, শিক্ষাত্রীদের নতুন সঙ্গী খোজার কাজ চালিয়ে যাওয়া উচিত, যতক্ষণ না তারা আট জন সঙ্গীর সাথে হস্ত মুদ্রা দ্বারা যিশুর জীবন ও শিক্ষা আবৃত্তি না করেন।

- যখন শিক্ষাত্রীগণ তাদের আট জন সঙ্গীর সাথে পাঠ সম্পূর্ণ করেন, প্রত্যেককে একটি গোষ্ঠী রূপে যিশুর জীবন ও শিক্ষা হস্ত মুদ্রার সাথে আবৃত্তি করতে বলুন। আপনি নিজিই মুগ্ধ হয়ে যাবেন, এতবার অভ্যাসের পরে তাদের এত অপূর্বভাবে এই কাজটি করতে দেখে!

যিশুর জীবন ও শিক্ষার বীজ বপন করতে ভুলবেন না!

"মনে রাখুন, যিশুর জীবন ও শিক্ষার বীজ বপন করুন! আপনি যদি বীজ বপন না করেন, তাহলে ফসল ফলবে না। আপনি যদি কিছু মাত্র বীজ বপন করবেন, তাহলে আপনি অল্প ফসল পাবেন। আপনি যদি অনেক বীজ বপন করেন, তাহলে ঈশ্বর আপনাকে আশির্বাদ করবেন অনেক শস্য দিয়ে। আপনি কেমন ফসল চান?

“যখন আপনি কাউকে জিজ্ঞাসা করেন যে তারা যিশুকে অনুসরণ করার বিষয়ে আরো জানতে চান কিনা এবং তারা বলেন “হ্যাঁ”, তাহলে এটাই যিশুর জীবন ও শিক্ষার বীজ বোনার সঠিক সময়। ঈশ্বর তাদের জীবন সুন্দর করে তুলবেন! “

“যিশুর জীবন ও শিক্ষার বীজ বপন করুন! কোনো বীজ বপন নয় = কোনো ফসল প্রাপ্তি নয়। যিশু একজন বপক এবং তিনি অনেকে ফসলের খোজে আছেন।”

“কিছু সময় নিয়ে কোনো একজনের কথা ভাবুন, যাকে আপনি এই প্রশিক্ষণের পরে এই পাঠ টি শিক্ষা দিতে পারবেন।সেই মানুষটির নাম পাঠটির প্রথম পাতায় সবার উপরে লিখুন।”

সমাপ্তি

শিষ্যচরিত ২৯:২১ কোথায়?

“আপনার বাইবেলে এর শিষ্যচরিত ২৯:২১ দেখুন।”

- শিক্ষাত্রীরা বলবেন শিষ্যচরিত এ শুধুমাত্র আঠাশটি অধ্যায় আছে।

“আমার বাইবেলে শিষ্যচরিত ২৯ আছে।”

- প্রচুর শিক্ষাত্রী এগিয়ে এসেছেন, তাদের বাইবেলের অধ্যায় ২৮ এর শেষে দেখিয়েছেন এবং বলছেন তাদের শিষ্যচরিত ২৯ ও আছে।

“এখন ‘শিষ্যচরিত ২৯’” ঈশ্বর নথি রাখছেন, পবিত্র আত্মা আমাদের মাধ্যমে কি করছেন, এবং একদিন আমরা সেটি পড়তে পারব। আপনি এটিকে কি বলিবেন? আপনার দৃষ্টিভঙ্গি কি? যে মানচিত্রের উপর আমরা কাজ করছি, তা হলো “শিষ্যচরিত ২৯ মানচিত্র” এবং ঈশ্বর আমাদের জীবনের সাথে কি করতে চান, তার দৃষ্টিভঙ্গি। আমি আপনাদের সাথে আমার শিষ্যচরিত ২৯ দৃষ্টি ভঙ্গিটি বিনিময় করতে চাই।”

- Tআপনার গোষ্ঠীতে “শিষ্যচরিত ২৯ মানচিত্র” বিনিময় করুন। দুই প্রকার মানুষকে যুক্ত করতে ভুলবেন না: অবিশ্বাসী এবং বিশ্বাসী। ঈশ্বর চান আমরা

অবশিাবাসীদরে কাছে যশিুর জীবন ও শকি্ষা তুলে ধরে এবং বশি্বাসীদরে প্রশকি্ষণ দয়িে, কভিাবে খ্রস্টিকে অনুসরণ করতে হয় এবং তাদরে বশি্বাস বনিমিয় করতে হয়।

"আমাদরে শষি্যচরতি ২৯ মানচতি্র ক্রুস কে উপস্থতি কর, যা যশিু আমাদরে বহন করতে বলছেনে। এখন আমরা মানচতি্র উপস্থাপনার একটপিবতি্র সময়ে প্রবশে করতে চাই, পরস্পররে জন্য প্রার্থনা কর, এবং যশিুকে অনুসরণ করার জন্য আমাদরে জীবন উত্সর্গ কর।"

শষি্যচরতি ২৯ মানচতি্র- তৃতীয় পর্ব

- শকি্ষাত্রীদরে অন্তত তনিটি সম্ভাব্য জায়গো তে গোলাকার অঙ্কন করতে বলুন নতুন অনুগামীদরে জন্য। তাদরে সম্ভাব্য গোষ্ঠী নতোর নাম এব্পং সম্ভাব্য আতথি্য কর্তা পরবিার এর নাম গোলাকৃতরি পাশে লখিতে বলুন।

- যদি তারা আগইে একটি গোষ্ঠী গঠন করে থাক, উপভোগ করুন এবং তাদরে মানচতি্রে সংযোগ করুন। যদি তারা গোষ্ঠী এখনো শুরু না করে থাকনে, তাদরে বুঝতে সাহায্য করুন, ঈশ্বর কোথায় কাজ করছনে।

- উপস্থাপন করার আগে এটি শষে সময়, শকি্ষাত্রীরা তাদরে মানচতি্র তরৈি করছনে। প্রয়োজন মতো অতরিকি্ত সময় দনি।

১০

অবলম্বন

অধবিশেনরে সমাপ্তি পির্ব হলো **অবলম্বন**। যশিু আমাদরে ক্রুশ অবলম্বন করে চলার এবং তাঁকে অনুসরণ করার আদশে দয়িছেনে। শষি্যচরতি ২৯ মানচতি্র ক্রুশরে একটি ছবি, যা যশিু সকল শকি্ষাত্রীকে অবলম্বন করে চলতে বলছেনে।

এই চূড়ান্ত অধবিশেনে, শকি্ষাত্রীরা তাদরে গোষ্ঠরি কাছে শষি্যচরতি ২৯ মানচতি্রটরি উপস্থাপন করনে। প্রতি উপস্থাপনার পর, গোষ্ঠী উপস্থাপক এবং শষি্যচরতি ২৯ মানচতি্রটরি উপর হাত রখেে, ঈশ্বররে আশরি্বাদ এবং তাদরে মন্ত্রকরে উন্নতি প্রার্থনা করনে। এরপর গোষ্ঠী উপস্থাপক কে নরি্দশেটি তিনিবার পুনরাবৃত্তি দ্বারা আহ্বান করে, "নজিরে ক্রুশ অবলম্বন করুন এবং যশিুকে অনুসরণ করুন।" শকি্ষাত্রীরা পালাক্রমে তাদরে শষি্যচরতি ২৯ মানচতি্রটি উপস্থাপন করে, যতক্ষণ না তারা সকলে করছনে। শকি্ষণ সময় সমাপ্ত হয় নতুন অনুগামী গঠনরে অঙ্গীকাররে একটি উপাসনা সঙ্গীতরে মাধ্যমে এবং একজন স্বীকৃত আধ্যাত্মকি নতোর সমাপ্ত সঙ্গীতরে মাধ্যমে।

প্রশংসা

- ঈশ্বররে উপস্থতি এবং আশরি্বাদ প্রার্থনা করার জন্যও কোনো ব্যক্তকিে অনুরোধ করুন।

- দুটি ছিন্দ অথবা স্তোত্র একত্রে পাঠ করুন।

প্রার্থনা

- গোষ্ঠরি একজন স্বীকৃত আধ্যাত্মকি নতোকে অঙ্গীকাররে বশিষে মুহূর্তে ঈশ্বররে আশীর্বাদরে জন্য প্রার্থনা করতে বলুন।

পর্যালোচনা

প্রতটিি পর্যালোচনা অধবিশেন সমান। শক্ষিাত্রীদরে উঠতে দাড়য়িে পূর্ববর্তী অধ্যায় আবৃত্তি করতে অনুরোধ করুন। লক্ষ্য রাখুন তারা যনে হাতরে মুদ্রাও প্রদর্শন করনে। এই পর্যালোচনাটি সকল পাঠ অন্তর্ভুক্ত করে।

আটটি ছবি কি, যা আমাদরে যশিুকে অনুসরণ করতে সাহায্য করে?

সনৈকি, সন্ধানী, মষেপালক, বপক, পুত্র, ভৃত্য, গোমস্তা

সংখ্যাবর্ধন

একজন গোমস্তা কোন তনিটি কার্য্য করনে?

মানুষরে প্রতি ঈশ্বররে প্রথম আদশে কি?

মানুষরে প্রতি ঈশ্বররে সর্বশষে নর্দিশে কি?

আমি কিভাবে উর্বর এবং সংখ্যা-বর্ধক হয়ে উঠব?

ইসরায়লেরে অবস্থতি দুটি সমুদ্ররে নাম কি?

তারা এত কনে পৃথক?

আপনি কোনটরি মতো হতে চান?

প্রমে

কোন তনিটি কার্য্য একজন মষেপালক করনে?

অন্যদরে শখোনোর জন্য সর্বাপক্ষো গুরুত্বপূর্ণ আদশে কি?

প্রমেরে উৎস কি?

সহজ উপাসনা কি?

আমরা কনে সহজ উপাসনা করব?

কতজন মানুষ সহজ উপাসনা করনে?

প্রার্থনা

কোন তনিটি কার্য্য একজন ধর্মপ্রচারক করনে?

আমাদরে কিভাবে প্রার্থনা করা উচতি?

ঈশ্বর আমদরে কিভাবে উত্তর দবেনে?

ঈশ্বররে দূরভাষ নম্বর কি?

অনুগমন

কোন তনিটি কার্য্য ভৃত্য করনে?

কার কাছে চরম কর্তৃত্ব আছে?

সকল বশি্বাসীকে যশিু কোন চারটি আদশে দয়িছেলিনে?

আমরা কিভাবে যশিুকে অনুগমন করব?

প্রত্যকে বশি্বাসীকে যশিু কি অঙ্গীকার করছেলিনে?

চলন

কোন তনিটি কার্য্য একজন পুত্র করনে?

যশিুর মন্ত্রনালয়ে শক্তরি মূল কি?

ক্রুশ বিদ্ধ হওয়ার আগে পবিত্র আত্মা সম্পর্কে যিশু তাঁর বিশ্বাসীদের কাছে কি অঙ্গীকার করেছিলেন?

যিশু তার পুনরাবির্ভাবের পরে পবিত্র আত্মা সম্পর্কে বিশ্বাসীদের কাছে কি অঙ্গীকার করেছিলেন?

পবিত্র আত্মা সম্পর্কে কোন চারটি আদেশ অনুসরনীয়?

গমন

কোন তিনটি কার্য্য একজন সন্ধানী করেন?

কিভাবে যিশু স্থির করেন কোথায় পৌরহিত্য করতে হবে ?

আমরা কিভাবে স্থির করব, কোথায় পৌরহিত্য করতে হবে ?

ঈশ্বর কার্যে মগ্ন, আমরা কিভাবে জানব?

যিশু কোথায় কাজ করেন?

অপর কোন স্থানে যিশু কার্য্য করেন?

বিনিময়

কোন তিনটি কার্য্য একজন সৈনিক করেন?

শয়তানকে আমরা কিভাবে পরাজিত করি?

শক্তিশালী ঐশ্বরিক রূপরেখা কোথায়?

কোন কোন গুরুত্বপূর্ণ পথ-নির্দেশক সুত্র অনুসরণীয়?

বপন

কোন তিনটি কার্য্য একজন বপক করেন?

যশিুর জীবন ও শকি্ষা কি, যা আমরা বনিমিয় করি?

অধ্যয়ন

যশিু তাঁর অনুগামীদরে প্রতদিনি কি করিতে বলছেনে?

–লূক ৯:২৩– তারপর তনিি সবাইকে বললনে: " যদি আমার পছিনে কউে আসনে, তাহলে তাকে নজিকেে অস্বীকার করতে হবে এবং নজিরে ক্রুশ রোজ নজিে অবলম্বন করে তাঁকে অনুসরণ করতে হবে।"

"নজিকেে অস্বীকার করুন, আপনার ক্রুশ অবলম্বন করুন, এবং যশিুকে অনুসরণ করুন।"

চারটি কিন্ঠস্বর কি, যারা আপনাকে নজিরে ক্রুশ অবলম্বন করার জন্য আহ্বান জানায়?

উপরোক্ত কন্ঠস্বর

–মার্ক ১৬:১৫– এবং তনিি তাদরে বললনে, " সমগ্র বশি্বে গমন কর এবং সকলরে কাছে ধর্ম প্রচার করো।" (এন এল টি)

"যশিু স্বর্গ-রাজ্য থকেে আমাদরে আহ্বান জানান তাঁর জীবন ও শকি্ষা প্রচার করার জন্য। তনিি সর্বোত্তম কর্তৃপক্ষ, এবং আমাদরে তাঁকে সর্বদা, তৎক্ষনাত এবং হৃদয়রে গভীর থকেে প্রমেরে সাথে অনুগমন করা উচতি।"

"এটি উপরোক্ত কন্ঠস্বর।"

উপরে
আকাশরে দকিে আঙ্গুল তুলুন।

নম্নিোক্ত কন্ঠস্বর

–লূক ১৬:২৭-২৮–" পতিা," তনিি বললনে, " তারপর আমি আপনার কাছে ভকি্ষা চাইলাম তাঁকে আমার পতিার গৃহে পাঠানোর জন্য- কারণ আমার পাঁচটি ভাই আছ-ে

তাদরে সাবধান করার জন্য, যনে তারা এই পীড়ন স্থানে না আসনে।" (এইছ সিএিস বি)

"যিশু একজন ধনী ব্যক্তরি গল্প বললনে যনিি নরকে গছেলিনে। এই গল্পে, ধনী ব্যক্তি লাজারাস নামক একজন দরদি্র ব্যক্তকিে স্বর্গ ত্যাগ করতে বলছেলিনে এবং পৃথিবী তে তার পাঁচ ভাই কে নরকরে আসল রূপ সম্পর্কে সচতেন করতে বলছেলিনে। আব্রাহাম বললনে যে তাদরে অনকে সাবধান করা হয়েছে। লাজারাস পৃথবীতে ফরিে যতেে পারনে। যারা মৃত এবং নরক বাস করছনে, তারা আমাদরে আহ্বান করুন যশিুর জীবন ও শকি্ষা বনিমিয় করার জন্য।

"এটি নিম্নিে াক্ত কন্ঠস্বর।"

নচিে
👇আঙ্গুল নচিে মাটরি দকিে দখোন।

অন্তররে কন্ঠস্বর

–১ করনি্থীয়ানস ৯:১৬– আমি যে যিশুর জীবন ও শকি্ষা প্রচার করি, তার জন্য আমি অহংকার করি না , কারণ আমি যিশুর জীবন ও শকি্ষা প্রচার করতে বাধ্য। ধকি আমাকে, যদি আমি এই যশিুর জীবন ও শকি্ষা প্রচার না করতাম !

" পলরে মধ্যে পবতি্র আত্মা তাকে যশিুর জীবন ও শকি্ষা প্রচার করতে বাধ্য করছে। সইে একই পবতি্র আত্মা আমাদরে আহ্বান করে নজিদেরে ক্রুশ বহন করতে এবং যশিুর জীবন ও শকি্ষা প্রচার করতে।"

"এটি অন্তররে কন্ঠস্বর।"

ভতিরে
👆 নজিরে হৃদয়রে দলিে আঙ্গুল দখোন

বাহরিরে কন্ঠস্বর

–শষি্যচরতি ১৬:৯– সইে রাত্রে পল একটি দৃশ্য দখেলনে: উত্তর গ্রীসরে ম্যাকডিে ানয়িার একজন মানুষ সখোনে দাড়য়িে তাঁকে অভবিাদন জানাচ্ছনে, "ম্যাকডিে ানয়িাতে আসুন এবং আমাদরে সাহায্য করুন ! (এন এল টি)

"পল এশয়িা তে যাওয়ার পরকিল্পনা করছেলিনে , কন্িতু পবতি্র আত্মা তাকে তখন সটো করতে দনেনে। তনি দিখেলনে যে একজন ম্যাকডো নেয়িার মানুষ তাঁকে আসার জন্য এবং সুসমাচার প্রচার করার জন্য অভবিাদন জানাচ্ছনে। বশি্বরে অনুপলব্ধ মানুষ এবং গো ষ্ঠী আমাদরে আহ্বান জানায় নজিদেরে ক্রুশ অবলম্বন করার জন্য এবং যশিুর জীবন ও শকি্ষা প্রচার করার জন্য।"

"এটি বাইররে কন্ঠস্বর।"

বাহরি
হাত দুটি জিড়ো করে আঁকড়ে ধরুন এবং একটি "এখানে আসুন" ভঙ্গি করুন।

- শকি্ষাত্রীদরে সাথে কয়কেবার চার কন্ঠস্বরকে হস্ত মুদ্রা দ্বারা পর্যালো চনা করুন এবং প্রশ্ন করুন, এটি কার কন্ঠস্বর, এটি কিথা থকেে এসছে,ে এবং এটি কি বিলে।

উপস্থাপনা

শষি্যচরতি ২৯ মানচতি্র

- শকি্ষাত্রীদরে আটজনরে এক একটি গো ষ্ঠীতে বভিক্ত করুন। FJTতে অংশগ্রহনকারীদরে মধ্যে থকেে একজন স্বীকৃত আধ্যাত্মকি নতোকে প্রতটিি গো ষ্ঠকিে নতেৃত্ব দতিে বলুন।

- শকি্ষাত্রীদরে নম্িনলখিতি মন্ত্রনালয় সময় প্রকর্য়িা ব্যাখ্যা করুন।

- শকি্ষাত্রীরা তাদরে শষি্যচরতি ২৯ মানচতি্র গো লাকৃতরি মাঝে রাখনে এবং পালাক্রমে তাদরে গো ষ্ঠীতে সটেি উপস্থাপন করে। তারপর, গো ষ্ঠী শষি্যচরতি ২৯ মানচতি্ররে উপর এবং/অথবা নজিদেরে উপর হাত রাখনে এবং ঈশ্বররে শক্তি এবং তাদরে উপর আশরি্বাদ বর্ষণরে জন্য প্রার্থনা করনে।

- শকি্ষাত্রীর জন্য সকলরে একত্রে সশব্দে প্রার্থনা করা উচতি। গো ষ্ঠরি স্বীকৃতপ্রািপ্ত নতো প্রার্থনা সভা সমাপ্ত কর।ে

- সইে সময়,ে শকি্ষাত্রী মানচতি্র গুছয়িে রাখনে, সতে তার হাতে অথবা কাঁধে রাখনে, এবং গো ষ্ঠী মলিমেশিে তনিবার বল,ে "নজিরে ক্রুশ অবলম্বন করুন

এবং যিশুকে অনুসরণ করুন “। তারপর, পরবর্তী শিক্ষাত্রী নিজেরে মানচিত্র উপস্থাপন করে এবং প্রক্রিয়া শুরু হয়।

- আপনি শুরু করার আগে শিক্ষাত্রীকে তিনবার পুনরাবৃত্তি করতে বলুন, “নিজেরে ক্রুশ অবলম্বন করুন, এবং যিশুকে অনুসরণ করুন “, তারা এটি প্রত্যেকে শিক্ষাত্রীর মানচিত্র প্রদর্শনের পরে করবেন। এটি সবাইকে জানতে সাহায্য করবে, কিভাবে মিলিমেশি একত্রে এই অংশটি বলতে হয়।

- যখন গোষ্ঠির সবাই মানচিত্র উপস্থাপন করছেনে, শিক্ষাত্রী অন্য গোষ্ঠীতে যুক্ত হয়ে যান, এটি চলতে থাকবে, যতক্ষণ না সকল শিক্ষাত্রী একটি বিড় গোষ্ঠীতে যুক্ত হবেন।

- প্রশিক্ষণ সময় সমাপ্ত করুন একটি উৎসর্গতি উপাসনা সংগীত দ্বারা, যা গোষ্ঠির শিক্ষাত্রীদের কাছে অর্থপূর্ণ।

প্রান্ত টকিা

১ গালনে কুরাহ এবং জর্জ প্যাটারসন, প্রশকি্ষণ দনি এবং হস্তকৃত কর্মশালার সংখ্যা বর্ধন করুন (প্রজকে্ট ওয়ার্ল্ড আউটরচি,২০০৪), পৃষ্ঠা ২৮

২ কুরাহ এবং প্যাটারসন, পৃষ্ঠা ১৭

৩ কুরাহ এবং প্যাটারসন, পৃষ্ঠা ৮,৯

সুপারশি

অধকিতর সমীক্‌ষা

তৃতীয় পর্ব

উপস্থতি বষিয়টনিয়িে একটঅিধকি গভীর আলােচনা করার জন্য নমি্নলখিতি সম্পদ গুলি দখেুন। এই বশিষে কার্যরে নতুন বভিাগে, বাইবলেরে পরে অনুবাদ করার জন্য এটওি একটি ভালাে পুস্তক তালকিা।

বলিহইেমার , পল (১৯৭৫) | **ডসেটীনড ফর দা থ্রােন**। খ্রস্টিান সাহত্যি ধর্মযুদ্ধ।

ব্ল্যাকাবি, হনেরি টি. এবং রাজা, ক্লাউদ ভি (১৯৯০)| **এক্সপরেয়িনে্সং গড: নােয়ংি এন্ড ডুয়ংি দা উয়লি অফ গড**। লাইফওয়ে মুদ্রণ।

ব্রাইট, বলি (১৯৭১) | **হাউ টু বি ফলি্ড উইথ দা হােলি স্পরিটি | ক্যাম্পাস ক্রুসডে ফর ক্রাইস্ট**। কার্লটন, আর. ব্রুস (২০০৩) | **একট ২৯: প্র্যাকটকিাল ট্রনেংি ইন ফসেলিটিটেংি চার্চ-প্লান্টংি মুভমনে্টস এমং ডা নগে্লকে্টডে হারভসে্ট ফলি্ডস**। কায়রস মুদ্রণ

চনে, জন। **ট্রনেংি ফর ট্রনোর্স**। (T4T) | অপ্রকাশতি, তারখি বহীন।

গ্রাহাম, বলি (১৯৭৮) | **ডা হােলি স্পরিটি: এক্টভিটেংি গডস পাওয়ার ইন ইউর লাইফ**। ডাব্লু প্রকাশনা গােষ্ঠী।

হজস, হার্ব (২০০১) | **ট্যালি হাে ডা ফক্স! ডা ফাউন্ডসেন ফর বলি্ডংি ওয়ার্ল্ড-ভসিনারী, ওয়ার্ল্ড ইমপ্যাকটংি, রপ্রিডউিসংি ডসিাইপলিস** | আধ্যাত্মকি জীবন মন্ত্রক।

হইেবলে্স, বলি (১৯৮৮) | **টু বজিনিট টু প্রে।**

ইন্তরে্ভারসটিি মুদ্রণ

মুরে, এন্ড্রু (২০০৭) | **উইথ ক্রাইস্ট ইন ডা স্কুল অফ প্রয়োর** | ডগিরী মুদ্রণ।

ওগদনে, গ্রগে (২০০৩) | **ট্রান্সফর্মংি ডসিাইপলেশীপ : মকেংি ডসিাইপলেস এ ফউি এত এ টাইম**। ইন্তরে্ভারসটিি মুদ্রণ।

প্যাকের, যে. আই (১৯৯৩) | **নোয়িং গড** | | ইন্তরে্ভারসিটি মুদ্রণ |

প্যাটারসন, জর্জ এবং স্কগনিস, রচির্ড (১৯৯৪) | **চার্চ মাল্টপ্লিকিসেন গাইড** | উইলিয়াম ক্যারি পাঠাগার

পাইপার, জন (২০০৬) | **হোয়াট জসোস ডিম্যান্ডস ফ্রম ডা ওয়ার্ল্ড** | ক্রসওয়ে বই |

বিষয় সূচী

এখানে সূচীটি হবে

ধর্মগ্রন্থ সূচী

এখানে সূচীটি হিবে

পরশিষি্ট ক

অনুবাদকরে ববিরণ

লখেক ঈশ্বররে আদশে অনুযায়ী এই প্রশকি্ষণ উপাদান টবিভিনি্ন ভাষায় অনুবাদ করার অনুমত দিয়িছেনে| যশিু প্রশকি্ষণ অনুসরণ উপাদান (FJT) অনুবাদ করার সময়ে দয়া করে নমি্নলখিতি পথ-নরি্দশেক সূত্রগুলি অনুসরণ করুন :

- অনুবাদ কার্য্য শুরু করার আগে আমরা অন্যদরে FJT উপাদানরে সাথে বশে কছিুবার প্রশকি্ষণ দওেয়ার জন্য সুপারশি কর| অনুবাদ কার্যট সিঠকি অর্থরে উপর হওয়া উচতি, আক্ষরকি অর্থরে উপর নয়| উদাহরণ, যদ "অন্তরাত্মার সাথে চলুন" আপনার বাইবলে-সংস্করণে "অন্তরাত্মার সাথে বাঁচুন" অনুবাদতি হয়, তাহলে "অন্তরাত্মার সাথে বাঁচুন", ই ব্যবহার করুন এবং প্রয়োজন মতো হস্ত-মুদ্রা পরশিোধন করুন|

- অনুবাদ যতটা সম্ভব সাধারণ মানুষরে ভাষায় হওয়া উচতি, "ধর্মীয় ভাষায়" নয়|

- বাইবলে এর এমন একট অিনুবাদ ব্যবহার করুন, যা আপনার গোষ্ঠরি অধকিাংশ মানুষ বুঝতে পারে| যদ কিবেল একট মিাত্র অনুবাদ থাকে এবং সটো বুঝতে অসুবধিাজনক হয়, তাহলে সটে সিহজতর করার জন্য ধর্ম-গ্রন্থে ব্যবহৃত পদ গুল আধুনকি করুন|

- খ্রষি্টরে আট টছিবরি প্রতটিরি জন্য এমন একটপিদ ব্যবহার করুন,যার ইতবিাচক অর্থ আছে| প্রশকি্ষণ দলটরি বারংবার "সঠকি পদ" এর সাথে পরীক্ষা-নীরকি্ষা করতে হতে পারে, যতক্ষণ না যথার্থ অর্থটপিাওয়া যাচ্ছে|

- "সন্টে" শব্দটঅিনুবাদ করুন এমন একটপিদরে সাহায্যে, যা আপনার সংস্কৃততিে একজন পবতি্র মানুষকে বোঝায়, যনি উিপাসনা, প্রার্থনা, এবং উচ্চ নতৈকি জীবন পালন করনে| যশিুর পবতি্রতা ব্যাখ্যা করার জন্য যদ শিব্দট একেই হয়, তাহলে "পরমশে্বর" শব্দট বি্যবহার করার দরকার নইে| আমরা এখানে

"পরমশে্বর" ব্যবহার করছি কারণ "সনে্ট" শব্দটি যিশুকে সঠকি ভাবে ব্যাখ্যা করতে পারছে না।

- "ভৃত্য " ইতবিাচক অর্থে অনুবাদ করা কঠনি, কনি্তু এটি করা খুব জরুরী। একটি মানুষ, যে কঠনি পরশি্রম করে, যার একটি বিনীত হৃদয় আছে, এবং যে অন্যদেরে সাহায্য করতে ভালবাসে; তাকে প্রকাশ করার জন্য আপনি যে শব্দটি ব্যবহার করবনে, সটেি বাছতে সচতেন থাকুন। অধকিাংশ সংস্কৃতি "ভৃত্যরে হৃদয়" ধারনাটি সম্পর্কে অবহতি।

- আমরা দক্ষণিপূর্ব এশয়িাতে সকল নাটকিা উন্নত করছেি এবং তাদরে সংস্কৃতরি উপযুক্ত করে তুলছেি। আপনার মানুষদরে জানা বষিয় এবং ধারণা সম্পর্কে নশি্চতি হয়ে, নরি্দ্বধিায় আপনার সংস্কৃততিে সগেুলি ব্যবহার করুন।

- আমরা আপনার কাজরে সম্পর্কে শুনতে চাই এবং যকেোনো প্রকারে সম্ভব সহায়তা করতে চাই।

- আমাদরে সাথে translations@FollowJesusTraining.com এর মাধ্যমে যোগাযোগ করুন আমরা যাতে সহযোগতিা করতে পারি এবং অনকে মানুষকে যশিুকে অনুসরণ করতে দখেতে পারি!

পরশিষি্ট খ

বহুল জজিঞ্াসতি প্রশ্নাবলি

১. **মৌলকি অনুশষ্যি গঠন** এর প্রধান উদ্দশ্যে কি?

বশি্বাসীদরে একটি ছোট গোষ্ঠী (যারা উপাসনা, প্রার্থনা, বাইবলে অধ্যায়ন করার জন্য একত্রতি হয়ছেনে এবং যশিুর নর্িদশে পালন করার জন্য পরস্পররে প্রতি আস্থা রাখনে) কোনো সুস্থ গর্িজা অথবা দীর্ঘ্য সময়ব্যাপী আন্দোলন গঠনরে প্রাথমকি পদক্ষপে। আমাদরে লক্ষ্য বশি্বব্যাপী মানুষকে প্রশক্ষিণরে মাধ্যমে

যশিুর কৌশল অনুসরণ করার জন্য উত্সাহতি করা এবং আমাদরে অভজি্ঞতায়, অধকিাংশ অনুগামী স্থানান্তরতি সম্প্রদায়রে অভজি্ঞতা লাভ করনেনি, যা একটি অনুগামী গোষ্ঠী গঠন করে । একটি অনুগামী-গঠন-অনুগামী-আন্দোলন এ, পরবিার-ধর্মানুরাগরে সময় পরবিারগুলি পরস্পরকে অনুগামী করনে; গর্িজা তার সদস্যদরে অনুগামী গোষ্ঠী এবং রববিাসরীয় বদি্যালয়ে অনুগামী করনে; কক্ষ-গোষ্ঠী তাদরে সদস্যদরে শখোয়, কিভাবে পরস্পরকে অনুগামী করতে হয়; এবং নতুন গর্িজা-স্থাপন প্রায়শই শুরু হয় ছোট অনুগামী গোষ্ঠরি মাধ্যমে। এই আন্দোলনে, অনুগামী গোষ্ঠী যত্র-তত্র এবং সর্বত্র। তাঁর কৌশলরে প্রথম তনিটি পদক্ষপে পালন করা; ঈশ্বরে দৃঢ় হওয়া, যশিুর জীবন ও শক্ষিা সম্প্রচার করা, এবং অনুগামী গঠন করা। এই ধর্মপ্রচার কছিু কছিু সময়ে অনুঘটকরে মত, কন্িতু এর লক্ষ্য কখনই অনুগামী-গঠন-অনুগামী-আন্দোলন নয়।

আমাদরে অভজি্ঞতায়, অধকিাংশ অনুগামী স্থানান্তরতি সম্প্রদায়রে অভজি্ঞতা লাভ করনেনি, যা একটি অনুগামী গোষ্ঠী গঠন করে। একটি অনুগামী-গঠন-অনুগামী-আন্দোলন এ, পরবিার-ধর্মানুরাগরে সময় পরবিারগুলি পরস্পরকে অনুগামী করনে; গর্িজা তার সদস্যদরে অনুগামী গোষ্ঠী এবং রববিাসরীয় বদি্যালয়ে অনুগামী করনে; কক্ষ-গোষ্ঠী তাদরে সদস্যদরে শখোয়, কিভাবে পরস্পরকে অনুগামী করতে হয়; এবং নতুন গর্িজা-স্থাপন প্রায়শই শুরু হয় ছোট

অনুগামী গোষ্ঠির মাধ্যমে। এই আন্দোলনে, অনুগামী গোষ্ঠী যত্র-তত্র এবং সর্বত্র।

২. হাতে কলমে শিক্ষণ এবং প্রথাগত শিক্ষণের মধ্যে পার্থক্য কি?

দায়বদ্ধতা। প্রথাগত শিক্ষণ মন কে রসদ জোগায়। হাতে-কলমে শিক্ষণ হস্তে এবং হৃদয়ে রসদ জোগায়। একটি শিক্ষণ কার্যে, শিক্ষক অনেক কিছু বলেন এবং শিক্ষাত্রীরা কিছু প্রশ্ন করেন। একটি হাতে-কলমে প্রশিক্ষণ কার্যযে, শিক্ষাত্রীরা বলেন অনেক বেশি এবং শিক্ষক কিছু প্রশ্ন করেন। একটি প্রথাগত শিক্ষণের পরে, সাধারণ প্রশ্ন হলো, "তারা কি এটি পছন্দ করছেন?" অথবা "তারা কি এটি বুঝতে পেরেছেন?"। হাতে-কলমে প্রশিক্ষণের পরে মূল প্রশ্ন হলো, "তারা কি এটি কার্যে করবেন?"

৩. যদি আমি উল্লিখিত সময়-সীমার মধ্যে পাঠ টি শেষে না করতে পারি, আমার কি করা উচিত?

FJT তে এই প্রশিক্ষণ পদ্ধতি টি খুব প্রয়োজনীয়। বিষয়টি শুধু শিক্ষাত্রীদের প্রশিক্ষণ দেওয়া নয়, অন্যদের কি ভাবে প্রশিক্ষিত করতে হয় সেটিও লক্ষ্য। "অধ্যায়" পাঠ টি দুই ভাবে ভাগ করে নিন, যদি আপনার একটি অধিবেশনে সেটি সম্পূর্ণ করার পর্যাপ্ত সময় না থাকে। প্রশিক্ষণ পদ্ধতির একটি অংশ বাদ দেবার থেকে প্রশিক্ষণ পদ্ধতি টি বিজায় রাখা এবং পাঠ টিকে দ্বি-বিভাজিত করা বেশি ভালো।

একটি সাধারণ প্রলোভন হলো, দায়বদ্ধতা এবং অভ্যাস সময় সীমা বাদ দেওয়া, এভাবে পুরো উপাদানটি প্রথাগত বাইবেলে অধ্যয়ন এর মত হয়ে যাবে। সংখ্যাবর্ধনের মূল চাবিকাঠি হলো, দায়বদ্ধতা এবং অভ্যাস। এটি বাদ দেবেন না! পরিবর্তে, "অধ্যায়" পাঠ টি দুটি সভার জন্য ভাগ করে নিন এবং প্রশিক্ষণ পদ্ধতি টি অপরিবর্তিত রাখুন।

৪. কি ভাবে শুরু করতে হবে, কোনো ধারণা দিতে পারেন?

নিজে থেকে শুরু করুন। আপনার কাছে যা নেই, টা আপনি দিতে পারবেন না। পাঠগুলি শিখুন এবং নিয়মিত আপনার জীবনে তার প্রয়োগ করুন। অন্যদের শিক্ষা দেওয়া শুরু করার আগেই মনের মধ্যে এই সুদুর-প্রসারী চিন্তা রাখবেন না, যে আপনাকে কোনো স্তরে পৌছতে হবে। এটিও সত্য যে আপনি যা দেবে না,

টা আপনারও হবে না। যদি আপনি একজন বশি্বাসী হন, পবতি্র আত্মা আপনার মধ্যে বরিাজমান এবং এভাবে আপনি অন্যদরে শকি্ষা দওেয়ার কার্যটি শুিরু করার জন্য প্রয়োজনীয় স্তরে পৌঁছোবার প্রতশি্রুতি-প্রাপ্ত হন।

এটি যমেন সত্য যে আপনি যা শখেনেনি, টা অন্যকওে শখোতে পারবনে না ; তমেনি এটাও সত্য যে আপনি যা শখোননি টা নজিওে শখিতে পারবনে না।

শুধু করে যান। বরেয়িে পড়ুন এবং কোনো বাধা-বন্ধন ছাড়াই অন্যদরে শখোন। যখন আপনি ঈশ্বররে কার্যে যোগদান করবনে, আপনি অন্যদরে শকি্ষা দওেয়ার অনকে সুযোগ পাবনে। পাঁচ জন মানুষকে সমান গভীরতা নয়িে শকি্ষা দনি, যভোবে আপনি পঞ্চাশজন ব্যক্তকিে শখোবনে এবং শখিবনে। অল্প বপন করুন, অল্প ফসল তুলুন। বশেি বপন করুন, বশেি ফসল পান। দখেবনে, আপনার অন্যদরে শখোনোর প্রতশি্রুতরি প্রায় সমানুপাতকি হবে এই শ্রমরে ফল।

৫. "নয়িম ৫" কি?

অন্যদরে শকি্ষা দওেয়ার আগে প্রয়োজনীয় আত্মবশি্বাসরে জন্য শকি্ষাত্রীদরে অবশ্যই একটি পাঠ পাঁচবার অভ্যাস করা উচতি। প্রথম বার শকি্ষাত্রী বলনে, "এটি সত্যি ভালো পাঠ। ধন্যবাদ।" দ্বতিীয়বার (তারা পাঠ টি প্রশকি্ষণ দওেয়ার পরে), তারা বলবনে, "মনে হয় আমি এই পাঠ শকি্ষা দতিে পারব, কন্তিু আমি নশি্চতি নই।" তৃতীয় বার, শকি্ষাত্রীরা বলনে, "এই পাঠ টি শখোনোর জন্য যতোটা কঠনি ভবেছেলিাম, এটি ততটা কঠনি নয়। মনে হয় এরপর আমি পারব।"

চতুর্থবার, শকি্ষাত্রী বলনে, "আমি বুঝতে পারছি, এই পাঠ টি কত গুরুত্বপূর্ণ এবং আমি অন্যদরে এটি শখোতে চাই। এটি প্রতবিার আমার কাছে সহজতর হয়ে যাচ্ছে।" পঞ্চমবার, শকি্ষাত্রী বলনে, "আমি অন্যদরে প্রশকি্ষণ দতিে পারব, যারা আবার অন্য কাউকে প্রশকি্ষণ দতিে পারবনে। আমি নশি্চতি ঈশ্বর এই প্রশকি্ষণরে দ্বারা আমার বন্ধু এবং পরবিাররে জীবন বদলে দতিে পারবনে।"

একটি পাঠ অভ্যাস হয় "দখো", অথবা "করা" অন্তর্ভুক্ত করে। সইে কারণে, আমরা অভ্যাস সময় দুইবার করার সুপারশি করি। শকি্ষাত্রীদরে অন্তত একবার তার প্রার্থনা-সঙ্গীর সাথে একবার এবং তারপর অপর একজন ব্যক্তরি সাথে এই পাঠ টি পুনরায় অভ্যাস করা করা উচতি।

৬. আপনি এত হস্ত-মুদ্রা কেন ব্যবহার করেন?

এটা প্রথমে শিশু সুলভ মনে হতে পারে, কিন্তু অধিকাংশ মানুষ খুব শীঘ্র বুঝবেন যে এটি তাদের উপাদানগুলি শীঘ্র মনে করাতে সাহায্য করে। হস্ত-মুদ্রা ব্যবহার তাদের কাছে শিক্ষণ পদ্ধতি চাক্ষুষ এবং সহজ করে তোলে।

হস্ত-মুদ্রা ব্যবহারের ক্ষেত্রে যত্নশীল থাকুন ! আপনার শিক্ষাত্রীদের প্রতি লক্ষ্য রাখুন এবং নিশ্চিত হন যে কেউ দুর্বল ভাবে হস্ত-মুদ্রা অভ্যাস করছেন না, যাতে সঠিক অর্থের পরিবর্বে অন্য কোনো অর্থ বহন করে। আমরা কিছু দক্ষিন পূর্ব এশিয়ান দেশে এই হস্তলোপেতি হস্ত-মুদ্রা অভ্যাস দেখেয়িছি, কিন্তু পরীক্ষা করা অবশ্যই একটি ভালো চিন্তা।

আশ্চর্য্য হবেন না, যদি ডাক্তার, উকিল, এবং অন্যান্য বেশি-শিক্ষিত মানুষকে প্রশিক্ষণে এবং হস্ত-মুদ্রা অভ্যাসে আনন্দ পেতে দেখেন। একটি মিন্তব্য আমরা প্রায়শই শুনি "অবশেষে ! এমন পাঠ পেলাম, যা আমি অন্যদের শেখাতে পারি এবং তারা সেটা বুঝবেন এবং পালন করবেন।"

৭. এই পাঠ গুলি এত সহজ কেন?

যিশু সরল এবং মনে রাখার উপযোগী শিক্ষা দিয়েছেন। আমরা বাস্তব জীবনের উদাহরণ (নাটিকা) এবং কাহিনী ব্যবহার করি, কারণ যিশু তাই করেছেন। আমরা বিশ্বাস করি এই পাঠ টি সত্যি পুনরুত্পাদন যোগ্য, শুধু যদি এটি "ন্যাপকিন পরীক্ষা" উত্তীর্ণ হতে পারে (এই পাঠ টি কি ভোজনের সময় একটি ন্যাপকিনে লেখা যায়, এবং শিক্ষাত্রীরা তৎক্ষনাত পুনরুত্পাদন করতে পারেন?)। FJTর এই পাঠ "স্বয়ং-শিক্ষা" দেয় এবং ভালো বীজ বপনের জন্য পবিত্র আত্মার উপর নির্ভর করে। পুনরুত্পাদনের একটি মূল চরিত্র হলো সরলতা।

৮. অন্য ব্যক্তিকে শিক্ষা দেওয়ার সময়ে সাধারণত মানুষ কি কি ভুল করেন?

- **তারা প্রশিক্ষণের দায়বদ্ধতার দিকটি এড়িয়ে যান :** ছোট গোষ্ঠীর মিলিন উপাসনা, প্রার্থনা এবং বাইবেল অধ্যয়নে সমাহিত। প্রশিক্ষণ এই তিনটি অন্তর্ভুক্ত করে, কিন্তু "অভ্যাস" সময়ের দায়বদ্ধতা সংযোগ করে। অধিকাংশ মানুষ মনে করেন তারা ভালবাসা দিয়ে অন্যের দায় বহন করতে পারবে না, তাই তারা এই অংশ টি এড়িয়ে যান। উদাহরণ তৈরি করে এবং অপরীক্ষনীয়

প্রশ্ন কর,ে একটি গোষ্ঠী পরস্পররে দায় বহন করতে পারনে এবং উল্লখে যোগ্য বৃদ্ধি দিখেতে পাবনে।

- **তারা কছিু মানুষরে প্রতি নবিদ্ধ হয়, সবার প্রতি নয়:** একজন একজন করে অনুগামী গঠন করার ধারণা তাত্ত্বকি দকি থকেে ভালো, কনি্তু অভ্যাসরে ক্ষত্রেে নয়। বাইবলেরে নয়িম অনুসারে ছোট গোষ্ঠী বনি্যাসে অনুগামী গঠন করা উচতি। যশিু অধকিাংশ সময় পতিার, জমেস এবং জনরে সাথে কাটয়িছেনে। একদল মানুষ পটিাররে

- অনুগামী গঠনরে যাত্রাপথরে সঙ্গী হয়ছেলিনে এবং জরেুজালমেরে গরি্জাতে সাহায্য করছেলিনে। পলরে চঠিওি একদল মানুষরে তালকিা লপিবিদ্ধ কর,ে যাদরে তনিি "অনুশষি্য" করছেলিনে। আদত,ে মাত্র পনরে থকেে কুড়ি শতাংশ মানুষ, যাদরে আপনি শকি্ষা দয়িছেন,ে নজিরো প্রশকি্ষক হয়ে ওঠনে।

- এই ঘটনাতে হতাশ হবে না। এমনকি এই শতকরা হসিাব,ে ঈশ্বর অনুগামী-গঠনরে আন্দোলন আনবন,ে যদি আমরা বশি্বাসযোগ্য ভাবে যশিুর জীবন ও কাহনীর বীজ সর্বত্র ছড়াতে পার।ি

- **তারা অনকে বশেি কথা বলনে:** একটি নব্বই মনিটিরে অধবিশেন,ে প্রশকি্ষক হয়তো গোষ্ঠরি সাথে সর্ব-সাকুল্যে তরিশি মনিটি কথা বলনে। শকি্ষাত্রীরা অধবিশেনরে অধকিাংশ সময় যুক্ত উপাসনা, প্রার্থনা, বনিমিয়, এবং অভ্যাসে অতবিাহতি কর।ে পাশ্চাত্য শকি্ষা পটভূমি থকেে আসা অনকে মানুষ এই সময়-ক্রমরে বপিরীতে যাওয়ার ফাঁদে পরনে।

- **তারা অগঠনকারী পদ্ধততিে প্রশকি্ষণ দনে :** অনুশষি্য গঠন আন্দোলনরে মূল কথা পুনরুত্পাদন। ফলত, সর্বাপকে্ষা গুরুত্বপূর্ণ মানুষ, যাদরে আপনি প্রশকি্ষণ দচি্ছন,ে তারা কক্ষে উপস্থতিও নইে; তারা অনুগামীদরে তৃতীয়, চতুর্থ, এবং পঞ্চম প্রজন্ম অন্যদরে প্রশকি্ষণ দচি্ছনে।

একটি অবশ্যম্ভাবী পথ-প্রদর্শক প্রশ্ন " এই প্রজন্মরে অনুগামীরা কি সঠকি ভাবে নকল করতে পারব,ে যা আমি করছি এবং অন্যদরে মধ্যে ছড়য়িে দচি্ছ?ি " কি হব,ে যদি কোনো চতুর্থ প্রজন্মরে বশি্বাসী সইে একই উপাদান বনিমিয়, উপস্থতি এবং সহজতর করে তার অধবিশেনে উপস্থতি করছন,ে যখোনে আপনওি আছন?ে যদি সবাই আপনাকে সহজে অনুসরণ করতে পারন,ে তাহলে এই

পুনরুত্পাদন যোগ্য। যদি তাদেরে মনেে নতিে হবে, তাহলে সেটে পুনরুত্পাদনরে যোগ্য নয়।

৯. যদি আমার না পৌঁছনো মানুষরে গোষ্ঠীতে (UPG) কোনো বিশ্বাসী না থাকে, আমার কি করা উচিত?

- FJT উপাদান পড়ুন এবং আপনার না পৌঁছনো মানুষরে গোষ্ঠীতে অনুগামী গঠনে কাজ শুরু করুন এবং তাদেরে প্রতি লক্ষ্য রাখুন। যিশু প্রশিক্ষণ অনুসরণ সন্ধানীদেরে যিশু সম্পর্কে একটি জীবন্ত ছবি তুলে ধরে, কে যিশু এবং খ্রিস্টান মানে কি? দক্ষিনি পূর্ব এশিয়া তে, আমরা প্রায়শই অনুগামী গঠন করি এবং তারপর খ্রিস্টি ধর্মে দিক্ষীত করি। FJT এটি করার জন্য আপনাকে একটি অভিয়মূলক উপায় দেয়ে।

- ঘনিষ্ঠ ভাবে সংযোগিত মানুষরে গোষ্ঠীতে বিশ্বাসী খুজুন- একটি গোষ্ঠী, যার মধ্যে আর্থিক, রাজনৈতিক, ভৌগলিক, এবং সাংস্কৃতিক মিল আছে, অপর একটি গোষ্ঠরি সাথে, যার কাছে আপনি পৌছতে চাইছনে। FJT উপাদানরে সাথে তাদেরে প্রশিক্ষণ দিন,তাদেরে বন্ধু এবং সংযোগিত মানুষরে গোষ্ঠরি কাছে পৌছবার জন্য দৃষ্টি নিক্ষেপে করুন।

- আপনার UPG গোষ্ঠরি মানুষকে চিন্হিত করার জন্য অধিবেশন, বাইবেলে বিদ্যালয় পরিদর্শন করুন।

- প্রায়শই ঈশ্বর আগে থকেেই নেতা গঠন করে রাখনে (আমরা এখন তার সম্পর্কে সচেতন)। তাদেরে সন্ধান করুন যাদেরে একজন পিতা অথবা মাতা আছনে আপনার UPG গোষ্ঠীতে। অনকে সময় এই নেতাদেরে UPG গোষ্ঠীতে পৌছবার জন্য একটা আকুলতা থাকে, কিন্তু কি ভাবে তাদেরে কাছে পৌছনো যায়, তার অভিজ্ঞতা নেই।

১০. নতুন অনুগামীদেরে প্রাথমিক পদক্ষেপে কি হতে পারে, যখন তারা নতুন অনুগামীদেরে প্রশিক্ষণ দবেনে?

সহজ উপাসনার কার্যাবলী টি অনুসরণ করার জন্য শিক্ষাত্রীদেরে উত্সাহিত করুন, যা তারা অভ্যাস করছেনে। গোষ্ঠীটি একত্রে প্রশংসা করবনে এবং তারপর একত্রে প্রার্থনা করবনে। “অধ্যায়” অংশে, তিনটি প্রিয়োগ-প্রশ্নরে

পরশিষ্টি খ 171

সাথে তারা FJT থকেে পাঠ পরস্পরকে শখোবনে অথবা বাইবলে এর কাহনী শােনাবনে।

“অভ্যাস” অংশে, তারা পাঠ টপি পরস্পরকে আবার শখোবনে। অধবিশে চলাকালীন শক্ষিাত্রীরা সহজ উপাসনা কার্য্য বন্যিাসটি নয় বার অভ্যাস করবনে এবং সমাপ্তি হলে তারা একটি নতুন অনুগামী গােষ্ঠী গঠন করার আত্মবশ্বিাস লাভ করবনে।

১১. প্রশক্ষিকরা এই উপাদান গুলি কােন কােন পৃথক ঘটনাস্থলে ব্যবহার করছেনে?

প্রশক্ষিকরা FJT সফলভাবে নম্নিলখিতি উপায়ে ব্যবহার করছেনে:

- **অধবিশেন কার্য্য বধি-** একটি অধবিশেনরে জন্য সবচয়েে ভালাে শক্ষিাত্রী সংখ্যা ২৪-৩০। শক্ষিাত্রীদরে শক্ষিা-স্তর এর উপর নর্ভির করে অধবিশেনটি আড়াই ঘন্টা থকেে তনি দনি অবধি হতে পারে,

- **সাপ্তাহকি অধবিশেন-** একটি সাপ্তাহকি অধবিশেনে সবচয়েে ভালাে শক্ষিাত্রী সংখ্যা হওয়া উচতি ১০-১২। সহজ উপাসনার অতরিক্তি অভ্যাস সময়রে জন্য প্রশক্ষিণ চক্রটি ১২ সপ্তাহরে হয়।

- **রববিাসরীয় বদ্যিালয় শ্রনেী -** একটি রববিাসরীয় বদ্যিালয়রে সবচয়েে ভালাে শক্ষিাত্রী সংখ্যা হচ্ছে ৮-১২। প্রশক্ষিণ পদ্ধতরি দর্ৈঘ্যরে জন্য, প্রতি পাঠ এর “অধ্যায়” অংশটকিে সাধারণত দুই ভাবে বভিক্ত করা হয় এবং দুটি রববিার ধরে শখোনাে হয়। উপাসনা প্রতবিার বশৈষ্টি্যপূর্ণ হয়ে উঠতে পারে, তাই এই প্রশক্ষিণ ২০ সপ্তাহরে হয়।

- **অধবিশেন অথবা বাইবলে মহাবদ্যিালয় শ্রণেী-** প্রশক্ষিক এক সপ্তাহরে এবং/অথবা সাপ্তাহকি সুতীব্র প্রশক্ষিণ সময়ে ধর্মপ্রচার ক্ষত্রেে অথবা শষ্যিতার শ্রণেীতে FJT ব্যবহার করছেনে।

- **সম্মলেন-** ১০০ জন পর্যন্ত বড় গােষ্ঠী কে FJTর প্রাথমকি অনুগামতিার শক্ষিা দওেয়া যায়, যদি অতরিক্তি শক্ষিানবশি গােষ্ঠী এবং জনতা সরবরাহরে মাধ্যমে প্রশক্ষিক কে সাহায্য করনে।

- **ধর্মাপদশে-** FJT সমাপ্ত করার পর,ে যাজক প্রায়শই তাদরে গরি্জাতে পাঠ শকি্ষা দনে। যারা যশিুকে অনুসরণ করার জন্য অন্যদরে শকি্ষা দচি্ছনে, এটি তাদরে উত্সাহ এবং প্ররেণা জোগায়। আদতে প্রলোভন, FJT উপাদান "পড়ানো" এবং এটি দিয়ে মানুষকে "হাতে কলমে শকি্ষা" দওেয়ার জন্য নয়। যাজকদরে এই বপিদ থকেে রক্ষা করতে হব,ে যখন তারা ধর্মাপদশেে এই পাঠ শকি্ষা দবেনে। যাজকদরে ধর্ম-মহাসভায় এই পাঠ শকি্ষাত্রীদরে অন্যদরে শকি্ষা দওেয়ার জন্য উত্সাহতি করার জন্য ব্যবহার করা উচতি।

- **প্রচার সম্মন্ধীয় কথা-** ধর্ম-প্রচারক তাদরে সহায়কদরে সাথে প্রচার করতে পারনে, কভিাবে তারা দশেকে বাস্তব উপায়ে শকি্ষা দনে। সহায়করা প্রায়শই মন্তব্য করনে, যশিুকে অনুসরণ করার সহজ উপায়ে শখিে তারা কতটা উল্লসতি এবং কভিাবে ধর্ম-প্রচারক ক্ষত্রেে তাদরে কাজ কভিাবে করছনে।

- **তালমি-** কছিু প্রশকি্ষক শকি্ষনীয় মুহুর্তে নতোদরে তালমি দওেয়ার সময় পাঠ এর কছিু অংশ ব্যবহার করনে। যহেতেু সম্পূর্ণ (প্রতি অংশ অপর অংশকে ব্যাখ্যা করে এবং বাড়তি শক্তি জোগায়), একজন প্রশকি্ষক যকেোনো অংশ থকেে শকি্ষণ শুরু করতে পারনে এবং নশি্চতি হন তারা খ্রষি্ট কে অনুসরণ করার সম্পূর্ণ ছবি তুলে ধরছনে।

১২. আমার কি করা উচতি, যদি অশকি্ষতি অথবা অল্প শকি্ষতি মানুষ প্রশকি্ষণ অধবিশেনে অংশ গ্রহণ কর ে?

আহ, এই বষিয়ে আমরা কাহনিী বনিমিয় করতে পার!ি একজনকে সটো করতে হব।ে আমাদরে থাইল্যান্ডর একটি প্রশকি্ষণ অনুষ্ঠানরে কথা মনে আছ,ে, যটেি মূলত উত্তরীয় পাহাড়ি অধবিাসী মহলিাদরে নয়িে তরৈি হয়ছেলি। তাদরে সংস্কার,ে কশিোর বয়স না হওয়া অবধি তাদরে পড়তে এবং লখিতে শখো বারণ। অবশ্যই, তার মানে অধকিাংশ কোনদনি শকি্ষা পায়নে।ি

সাধারণত একটি প্রশকি্ষণ অধবিশেন,ে যখন পুরুষরা শখেনে, মহলিারা শান্ত ভাবে বসে থাকনে এবং শোনেন।ে যাই হোক, যশিু প্রশকি্ষণ অনুসরণ এর হস্ত মুদ্রা বনি্যাসরে সাথ,ে সকল মহলিা একটি তনি দনিরে প্রশকি্ষণ এ অংশগ্রহন করনে। আমরা এখন পাঠক কে ধর্ম-গ্রন্থটি জোরে পাঠ করতে বললাম (পুরো গোষ্ঠরি একত্রে পাঠ করার পরবির্ত)ে এবং প্রশকি্ষণ সময়রে জন্য মহলিাদরে

পাঁচ অথবা ছয় জনেরে (একটি জোড় বানানোর পরিবর্তে) এক একটি গোষ্ঠীতে বিভিক্ত করলাম। এই তিনদিন চোখেরে জলরে বাঁধ থাকলো না, যখন মহিলা বৃন্দ বলতনে, "এখন আমরা কিছু শিখিতে পারলাম, যা আমরা অন্যদরেও শেখোতে পারব।"

পরিশিষ্ট গ

তালকিা পরীক্ষা

প্রশক্ষিণরে পূর্বে

- **একটি প্রার্থনা গোষ্ঠী তালকিাভুক্ত করুন** - প্রশক্ষিণরে প্রয়োজনে, প্রশক্ষিণরে আগে এবং সাপ্তাহকি প্রশক্ষিণ চলাকালীন মধ্যস্ততা করার জন্য বারজনরে একটি প্রার্থনা গোষ্টি তালকিাভুক্ত করুন। এটি খুব গুরুত্বপূর্ণ !

- **একজন শক্ষিানবশি তালকিাভুক্ত করুন-** একজন শক্ষিানবশিকে তালকিাভুক্ত করুন, যনি আপনাকে গোষ্ঠরি প্রশক্ষিণে সাহায্য করবনে, যনি আগে FJT যোগদান করছেনে: মৌলকি অনুশষ্যি গঠন।

- **অংশগ্রহনকারীদরে আহ্বান করুন-** একটি সাংস্কৃতকি পদ্ধততিে

- অংশগ্রহনকারীদরে আহ্বান জানান। এতে সম্ভবত চঠিি, নমিন্ত্রণ-পত্র ইত্যাদি পাঠাতে হতে পার‌ে। মৌলকি অনুশষ্যি গঠন প্রশক্ষিণ এর অধবিশেনরে উপযুক্ত আয়তন হলো ২৪-৩০ জন শক্ষিাত্রী। যদি আপনার সাথে বহু শক্ষিানবশি থাকনে আপনাকে সহায়তা করার জন্য, আপনি ১০০ জন অবধি শক্ষিাত্রীদরে প্রশক্ষিণ দতিে পারবনে। মৌলকি অনুশষ্যি গঠন প্রশক্ষিণ তনি জন অথবা বশেি শক্ষিাত্রী নয়িে সাপ্তাহকি ভাবওে সুচারু রূপে হওয়া সম্ভব।

- **ব্যবস্থাপনা নশি্চতি করুন-** শক্ষিাত্রীদরে প্রয়োজন অনুযায়ী গৃহ, খাদ্য, এবং যানবাহনরে ব্যবস্তা করুন।

- **সমাবশে স্থান সুরক্ষতি করুন**– একটি সমাবশে কক্ষরে ব্যবস্থা করুন, যাতে দুটি টবেলি থাকে, কক্ষরে ভতির থকেে যোগানরে জন্য, শক্ষিাত্রীদরে জন্য চয়োরগুলি গোলাকার রূপে সাজান এবং শক্ষিা চলাকালীন কক্ষরে বাকি জায়গোতে শক্ষিনীয় সরজ্ঞাম রাখুন। আরো ভালো হয়, যদি আপনি চয়োররে

পরবির্তে মাদুর বছিয়ি দনে মাটতি পে্রতদিনি চা, কফি আর জলখাবাররে জন্য দুট বিশি্রাম-সময়রে পরকিল্পনা করুন।

- **প্রশকি্ষণ সরজ্ঞোম সংগ্রহ করুন-** প্রত শিকি্ষাত্রীদরে জন্য বাইবলে, সাদা তক্তা/ কাগজ এবং চনি্হ দবোর কলম, শকি্ষা-ববিরণী, নতো-ববিরণী, এবং শকি্ষা চরতি ২৯ মানচত্রি অভ্যাসরে জন্য সাদা প্রচারপত্র, রঙনি চনি্হ দওেয়ার কলম অথবা রং-পনে্সলি, খাতা, (যমেন বদি্যালয় শেকি্ষাত্রীরা ব্যবহার কর) কলম, এবং পনে্সলি সংগ্রহ করুন।

- **উপাসনা সময় নরি্ধারণ করুন**– প্রত অিংশগ্রহনকারীর জন্য সঙ্গীত-পত্র অথবা একট কিোরাস পুস্তক সংগ্রহ করুন। গোষ্টতি একেজন মানুষ সন্ধান করুন যনি গিটিার বাজান এবং তাক অেনুরোধ করুন সম্ভবপর হল আপনাক সোহায্য করার জন্য। প্রতট পিাঠরে শরিোনাম সহে অধবিশেনরে সঙ্গীত বষিয় নরি্বাচন সোহায্য কর।

- **সকর্িয় শকি্ষণ অবলম্বন সংগ্রহ করুন-** একট বিলেুন, একট জিলরে বোতল, এবং প্রতযিোগতিা-পুরস্কাররে আয়োজন করুন।

প্রশকি্ষণকাল....

- **নমনীয় হন -** অনুসূচ মিানুন, কনি্তু শকি্ষাত্রীদরে জীবন ঈশ্বররে ভূমকিায় যোগদানরে নমিতি্ত যথষে্ট নমনীয়ও থাকুন

- **কষ্ট এবং দায়বদ্ধতা অনুশীলন করুন -** নশি্চতি হন আপনার শকি্ষা দওেয়া সমাপ্ত হল শেকি্ষাত্রীরা যনে পরস্পরক শেকি্ষা প্রদান করনে ! অভ্যাস ছাড়া শকি্ষাত্রীরা অন্যদরে শকি্ষা দবোর জন্য আত্মবশি্বাস পাব না। অভ্যাস সময় না কময়ি পোঠ টকি সংক্ষতি করাই ভালো। সংখ্যাবর্ধনরে চাবকিাঠ হিলো অভ্যাস এবং দ্বায়ীত্ববোধ।

- **নতেৃত্ব সবাইক অন্তর্ভুক্ত করুন-** প্রত অিধবিশেনরে শষে পৃথক ব্যক্তকি পে্রার্থনায় অংশগ্রহন করত অনুরোধ করুন। প্রশকি্ষণ শষে হত হত, প্রত্যকে যনে অন্তত একবার কর প্রার্থনা কর। শকি্ষাত্রীদরে তাদরে ছোট গোষ্ঠরি মধ্য সহজ উপাসনার প্রতট ভিাগ পালা কর নতেৃত্ব করা উচতি।

- **প্রতি শিক্ষাত্রীর উপহার স্বীকার করুন এবং উত্সাহিত করুন** – প্রশিক্ষণ চলাকালীন অংশগ্রহনকারীদেরে তাদেরে উপহার ব্যবহার করার জন্য ক্ষমতাপ্রদান করুন।

- **পুনর্ববিচেনা, পুনর্ববিচেনা, পুনর্ববিচেনা-** প্রতি অধিবেশনেরে আগে পুনর্ববিচেনা অংশটি বাদ দেবেনে না। আলোচনা সভা সমাপ্ত হতে হতে, প্রত্যকে শিক্ষাত্রী সব প্রশ্ন, উত্তর, এবং হস্ত-মুদ্রা পুনরুত্পাদন করতে সমর্থ হবনে। শিক্ষাত্রীদেরে মনে করিয়ে দিন, যভোবে আপনি তাদেরে শিক্ষা দিয়িছেনে, তারাও যনে পরস্পরকে সভোবে প্রশিক্ষণ দনে।

- **মূল্যায়নরে জন্য প্রস্তুত হন-** প্রতি অধিবিশেনে শিক্ষাত্রীরা যগেুলি বুঝতে অসমর্থ হয় অথবা আপনাকে প্রশ্ন করে, সগেুলি সম্পর্কে ববি্তি রাখুন। পরবর্তী সময়ে ওই ববিৃতি আপনাকে এবং আপনার শিক্ষানবিশদেরে মূল্যায়নে সাহায্য করবে।

- **সহজ উপাসনা সময়ে বাদ দবেনে না -** প্রশিক্ষণ পদ্ধতির একটি সম্পূর্ণ বিভাগ সহজ উপাসনা। সহজ উপাসনাতে একজন শিক্ষাত্রী যত সহজ অনুভব করবনে, প্রশিক্ষণরে পরে একটি গোষ্ঠী গঠনে তত আত্মবিশ্বাস লাভ করবনে।

প্রশিক্ষণরে পরে...

- **আপনার শিক্ষানবিশদেরে সাথে প্রশিক্ষণরে প্রতিটি পর্যায় মূল্যায়ন:** আপনার শিক্ষানবিশদেরে সাথে প্রশিক্ষণ বিভাগ পুনর্ববিচেনা এবং মূল্যায়ন করুন। ইতবিাচক এবং নতেবিাচক দিকগুলি তালিকা ভুক্ত করুন। পরবর্তী প্রশিক্ষনকে উন্নত করার জন্য পরিকল্পনা করুন।

- **পরবর্তী প্রশিক্ষণে সহায়তার জন্য সম্ভাবনাময় শিক্ষানবিশদেরে সাথে সংযোগ-** ভবিষ্যতে 'মৌলিক অনুশিষ্য গঠন' এর সাথে প্রশিক্ষণ কার্যে আপনাকে সহায়তা করার জন্য দুই অথবা তিনি জন শিক্ষাত্রীকে যোগাযোগ করুন, যারা প্রশিক্ষণ চলাকালীন আপনাকে সহায়তা করার সময়ে সম্ভাবনাময় নতেৃত্ব দখেয়িছে।

- **পরবর্তী প্রশিক্ষণে শিক্ষায় অংশগ্রহনকারীদেরে একজন বন্ধু আনার জন্য উত্সাহিত করুন-** পরবর্তী প্রশিক্ষণ সভায় অংশগ্রহনরে সময়ে এখন

সঙ্গী আনার জন্য অংশগ্রহনকারীদের উত্সাহিত করুন। শিক্ষাত্রীদের সংখ্যা দ্রুতহারে বর্ধনের এটি একটি কার্য্যকরী পদ্ধতি, যারা অন্যদেরও প্রশিক্ষণ দেন।

অনুসুচী

একটি তিন-দিনের অধিবেশন অথবা ১২ সপ্তাহের প্রশিক্ষণ কার্য্য বিধি সহজতর করে তলার জন্য এই হস্তলিপিটি ব্যবহার করুন। দুটি অনুসুচিরই প্রতিটি পাঠ সম্পূর্ণ করতে দেড় ঘন্টা লাগে এবং প্রশিক্ষকের প্রশিক্ষণ পদ্ধতির পৃষ্ঠা ২১ র সদ্ব্যবহার হয়।

মৈ ালকি অনুশষি্য প্রশকি্ষণ - তনি দনিরে

	দনি ১	**দনি ২**	**দনি ৩**
৮:৩০	সহজ উপাসনা	সহজ উপাসনা	সহজ উপাসনা
৯:০০	স্বাগতম	অনুগমন	বপন
১০:১৫	**বশি্রাম**	**বশি্রাম**	**বশি্রাম**
১০:৩০	সংখ্যা বর্ধন	চলন	অনুসরণ
১২:০০	মধ্যান্হ ভ োজন	মধ্যান্হ ভ োজন	মধ্যান্হ ভ োজন
১:০০	সহজ উপাসনা	সহজ উপাসনা	সহজ উপাসনা
১:৩০	প্রমে	গমন	অবলম্বন
৩:০০	**বশি্রাম**	**বশি্রাম**	
৩:৩০	প্রার্থনা	বনিমিয়	
৫:০০	নশৈোহার	নশৈোহার	

মৈ ালকি অনুশষি্য প্রশকি্ষণ - সাপ্তাহকি

সপ্তাহ ১	স্বাগতম সহজ উপাসনা	**সপ্তাহ ৭**	চলন
সপ্তাহ ২	সংখ্যা বর্ধন	**সপ্তাহ ৮**	সহজ উপাসনা
সপ্তাহ ৩	প্রমে	**সপ্তাহ ৯**	গমন
সপ্তাহ 8	সহজ উপাসনা	**সপ্তাহ 10**	বনিমিয়
সপ্তাহ ৫	প্রার্থনা	**সপ্তাহ ১১**	অনুসরণ
সপ্তাহ 6	অনুগমন	**সপ্তাহ 12**	অবলম্বন

অধকি সংগ্রহ

ওয়েবসাইট

বর্তমান অনুবাদ

শক্ষিাত্রীর পুস্তক

www.ingramcontent.com/pod-product-compliance
Lightning Source LLC
Chambersburg PA
CBHW071502040426
42444CB00008B/1462